ABHANDLUNGEN
DER AKADEMIE DER WISSENSCHAFTEN DER DDR
Abteilung Veröffentlichungen der Wissenschaftlichen Räte
Jahrgang 1982 · Nr. W 1

Tagung des Rates für Staats- und rechtswissenschaftliche Forschung
an der Akademie der Wissenschaften der DDR
am 27. 6. 1980

Grundprobleme der rechtlichen Verantwortlichkeit

AKADEMIE-VERLAG · BERLIN 1982

Herausgegeben im Auftrage des Präsidenten
der Akademie der Wissenschaften der DDR
von Vizepräsident Prof. Dr. Heinrich Scheel

Verantwortlich für dieses Heft:
Prof. Dr. Gerhard Schüßler
Vorsitzender des Rates für staats- und rechtswissenschaftliche Forschung
an der Akademie der Wissenschaften der DDR

Redaktionsschluß: 30. 7. 1981

ISSN 0302-8054
Erschienen im Akademie-Verlag, 1086 Berlin, Leipziger Str. 3-4

Lizenznummer: 202 · 100/66/82
Gesamtherstellung: VEB Druckerei »Gottfried Wilhelm Leibniz«,
4450 Gräfenhainichen · 5978
Bestellnummer: 754 031 1 (2001/82/1/W) · 0425
Printed in GDR
DDR 8,- M

Inhaltsverzeichnis

Vorwort 5

Traute Schönrath

Rechtliche Verantwortlichkeit für Rechtsverletzungen in der sozialistischen Gesellschaft 7

Elfriede Leymann

Stand und Entwicklungstendenzen der wissenschaftlichen Arbeit zur rechtlichen Verantwortlichkeit im Verwaltungsrecht 23

Gerhard Pflicke

Einheitliche und differenzierungsbedürftige Faktoren der Verantwortlichkeit im sozialistischen Recht aus der Sicht des Wirtschaftsrechts 32

Eva Hein/Frithjof Kunz

Zur engen Verbindung der arbeitsrechtlichen Verantwortung und Verantwortlichkeit 47

Erich Buchholz

Allgemeine Merkmale rechtlicher Verantwortlichkeit aus der Sicht eines Strafrechtlers 53

Martin Posch

Zur Bestimmung rechtlicher Verantwortlichkeit 61

Autorenverzeichnis 70

Vorwort

Der Rat für staats- und rechtswissenschaftliche Forschung an der Akademie der Wissenschaften der DDR führte am 27. Juni 1980 eine wissenschaftliche Tagung zu Grundproblemen der rechtlichen Verantwortlichkeit durch. Die ausführliche Diskussion hatte das Ziel, aus der Sicht der Rechtstheorie und der juristischen Zweigdisziplinen – insbesondere des Verwaltungs-, Wirtschafts-, Arbeits-, Straf- und Zivilrechts – grundlegende theoretische Probleme auf diesem Gebiet zu erörtern und den Stand der wissenschaftlichen Arbeit sowie ihre Entwicklungstendenzen darzulegen.

Die wissenschaftliche Tagung vermittelte eine umfassende Übersicht der vielfältigen theoretischen und praktischen Probleme, die im Zusammenhang mit der Frage der Verantwortung und rechtlichen Verantwortlichkeit stehen und mit der Praxis der weiteren Entwicklung der sozialistischen Gesellschaft eng verbunden sind. Eine wichtige Erkenntnis, die durch die Teilnehmer für die weitere wissenschaftliche Arbeit zugleich als Forderung gestellt wurde, war, daß die Probleme der Verantwortung und Verantwortlichkeit sowie die Gestaltung von Rechten und Pflichten entsprechend den gesellschaftlichen Erfordernissen noch stärker in die künftigen Planaufgaben der Staats- und Rechtswissenschaft einbezogen werden müssen. Dabei wurde insbesondere auf die interdisziplinäre Zusammenarbeit zwischen Rechtstheorie und den juristischen Zweigdisziplinen hingewiesen mit dem Ziel, gesellschaftlich wirksamere Forschungsergebnisse zu erzielen.

Traute Schönrath

Rechtliche Verantwortlichkeit für Rechtsverletzungen in der sozialistischen Gesellschaft

Zunächst ist die Frage zu beantworten, ob es angesichts der differenzierten Verantwortlichkeitsregelung überhaupt möglich bzw. nötig ist, für die rechtswissenschaftliche Forschung die Aufgabe zu stellen, allgemeine Merkmale der rechtlichen Verantwortlichkeit herauszufinden, sie in allgemeinen Begriffen abzubilden, denen wirkliche soziale Bedeutung zukommt, und eine Theorie der rechtlichen Verantwortlichkeit zu erarbeiten. Damit ist zugleich das Problem nach dem Verhältnis der allgemeinen Theorie zu den Theorien der Rechtsdisziplinen aufgeworfen.

Eine geschlossene Theorie der rechtlichen Verantwortlichkeit für Rechtspflichtverletzungen in der sozialistischen Gesellschaft, die das Erkennen und Formulieren der diese zentrale rechtliche Kategorie bestimmenden objektiven Gesetzmäßigkeiten und das Erforschen von deren Wirkungsweise einschließt, dient dem tieferen Erfassen des sozialistischen Rechts, der Erhöhung seiner Wirksamkeit und der weiteren Festigung der sozialistischen Gesetzlichkeit. Allgemeintheoretische Aussagen zur rechtlichen Verantwortlichkeit sind sowohl für die Weiterentwicklung der allgemeinen Rechtstheorie als auch der Theorien der Rechtszweigwissenschaften von Nutzen. So benötigen die Wissenschaftler der Rechtszweigdisziplinen zur weiteren Erarbeitung ihrer zweigspezifischen Veranwortlichkeitsproblematik diese allgemeintheoretischen Aussagen, die sowohl aus Forschungsergebnissen der Rechtstheoretiker als auch der Rechtszweigwissenschaftler resultieren. Diese allgemeintheoretischen Aussagen dienen ihnen nicht zuletzt dazu, der Gefahr zu begegnen, auf die H. Oberländer zu Recht hinweist – durch die Vielfalt der Erscheinungen, die sich durch immer neu hinzukommende Regelungen, so z. B. auf dem Gebiet des wissenschaftlich-technischen Fortschritts oder des Umweltschutzes, weiter erhöht, nicht in die Irre zu gehen[1] oder Erscheinungen der rechtlichen Verantwortlichkeit der Rechtszweigdisziplinen als Rechtsinstitute „sui generis" zu behandeln, wie es z. B. gelegentlich mit den Wirtschaftsrechtssanktionen durch die Wirtschaftsrechtswissenschaftler geschieht. Erforscht man die rechtliche Verantwortlichkeit nur im Rahmen des Rechtszweiges, gelangt man an eine Grenze, kann man ein gewisses Niveau der Erkenntnis und theoretischen Durchdringung des Problems nicht überschreiten.

Allgemeintheoretische Erkenntnisse bilden ein Fundament für die Arbeit der Rechtszweigdisziplinen, eingedenk W. I. Lenins Feststellung, daß jeder, der an spezielle Fragen henrangeht, ohne vorher die allgemeinen gelöst zu haben, unweigerlich auf Schritt und Tritt, ohne sich dessen bewußt zu sein, über diese allgemeinen Fragen stolpern wird.[2]

Die Rechtszweige haben ihren eigenen Forschungsgegenstand. Sie untersuchen einzelne Seiten oder Bereiche von Staat und Recht, natürlich in Beziehung zum Ganzen. Dennoch vermittelt die Summe der Ergebnisse der Zweigwissenschaften keine vollständige Vorstellung von Staat und Recht als ganzheitliches System mit seinen inneren und äußeren Wechselbeziehungen.[3]

Ebensowenig aber wie die Rechtszweigdisziplinen ohne die allgemeine Theorie des Staates und Rechts auskommen können, vermag dies die allgemeine Theorie ohne die Rechtszweige. Da die marxistisch-leninistische Staats- und Rechtstheorie selbst eine unmittelbar praxisverbundene Wissenschaft ist, deren Forschungsgegenstand konkrete, existierende staatliche und rechtliche Erscheinungen in einer bestimmten Gesellschaftsordnung sind, muß sie, um allgemeingültige Aussagen treffen zu können, die von den Rechtszweigdisziplinen ermittelten empirischen Daten und zweigtheoretischen Arbeitsergebnisse zur Kenntnis nehmen und verarbeiten. Es ist deshalb auch nicht möglich, eine allgemeine Theorie über die rechtliche Verantwortlichkeit erarbeiten zu wollen und dabei deren gesellschaftliche Funktion im rechtlichen Regelungsmechanismus ohne Kenntnis der konkreten soziologischen Untersuchungsresultate und der theoretischen Aussagen z. B. der Staats-, Arbeits-, Zivil-, Wirtschafts-, Straf-, Internationalen Wirtschafts- oder Völkerrechtswissenschaftler in deren Untersuchungsbereichen zu bestimmen. Man denke nur, welche Fülle von Material gerade zu dieser Problematik, insbesondere auch zu den differenzierten objektiven und subjektiven Voraussetzungen für das Eintreten der rechtlichen Verantwortlichkeit, in Realisierung der Gesetzgebungsprogramme des VIII. und IX. Parteitages der SED bisher erarbeitet wurde und welche detaillierten Erkenntnisse über die rechtliche Verantwortlichkeit bei der Ausarbeitung solcher Gesetze wie des Gesetzes über die örtlichen Volksvertretungen, des Zivil-, Arbeits- und Vertragsgesetzes, der Kombinatsverordnung oder der LPG-Musterstatuten gewonnen wurden und noch werden. Allgemeine theoretische Aussagen über die rechtliche Verantwortlichkeit verhalten sich zu den theoretischen Aussagen über die Verantwortlichkeit in einem Rechtszweig, z. B. im Arbeitsrecht, wie das Allgemeine zum Einzelnen.[4]

Darin liegt m. E. eine Antwort auf die eingangs gestellte Frage begründet. Theoretische Aussagen über spezifische Verantwortlichkeitsprobleme der Rechtszweige machen allgemeintheoretische Aussagen über die rechtliche Verantwortlichkeit nicht überflüssig bzw. können sie nicht ersetzen. Für die Herausarbeitung zweigspezifischer Aussagen werden allgemeintheoretische Aussagen benötigt, so z. B. über das Verhältnis Verantwortlichkeit – Verantwortung, über die Charakterisierung der Pflichten, deren Verletzung Verantwortlichkeit begründet oder über die subjektiven Voraussetzungen für den Eintritt der Verantwortlichkeit, um mit den rechtszweigspezifischen Aussagen zur Gestaltung und Verwirklichung einer aufeinanderabgestimmten einheitlichen Verantwortlichkeitsregelung beizutragen, die den Erfordernissen der gesellschaftlichen Entwicklung entspricht.

Es sei nochmals hervorgehoben, daß die allgemeintheoretischen Aussagen nicht nur aus Forschungsergebnissen der Rechtstheoretiker, sondern auch aus Forschungsergebnissen der Rechtszweigwissenschaftler resultieren, und daß diese allgemeintheoretischen Aussagen der Analyseergebnisse und theoretischen Aussagen über rechtszweigspezifische Verantwortlichkeitsprobleme bedürfen.

Die Erarbeitung allgemeintheoretischer Aussagen über die rechtliche Verantwortlichkeit für Rechtspflichtverletzungen in der sozialistischen Gesellschaft ist somit eine berechtigte Aufgabenstellung für rechtswissenschaftliche Forschung, die von den Theoretikern und Rechtszweigwissenschaftlern gemeinsam bewältigt werden muß, und zwar ohne Verzug, da über längere Zeit den allgemeintheoretischen Problemen der rechtlichen Verantwortlichkeit geringe Aufmerksamkeit gewidmet wurde.[5] Die bislang zu Tage geförderten vielfältigen[6] und erkenntnisreichen Aussagen zur Verantwortlichkeitsproblematik durch Vertreter der Rechtszweigwissenschaften und der Rechtstheorie besitzen noch nicht die Qualität geschlossener einheitlicher allgemeintheoretischer

Aussagen. Viele von ihnen tragen den Charakter von Einzelergebnissen, über die z. Z. noch Meinungstreit geführt wird. In Ermangelung allgemeingültiger Aussagen über die subjektiven Voraussetzungen für den Eintritt rechtlicher Verantwortlichkeit für Pflichtverletzungen, eingeschlossen Pflichtverletzungen durch kollektive Rechtssubjekte, ist es z. B. noch nicht möglich, die rechtliche Verantwortlichkeit mit einem allgemeingültigen Begriff abzubilden. Im DDR-Theorie-Lehrbuch wird die rechtliche Verantwortlichkeit z. B. anders definiert als im sowjetischen Theorie-Lehrbuch.[7]

Die Erarbeitung einer Theorie der rechtlichen Verantwortlichkeit bedeutet wissenschaftsorganisatorisch, die sozialistische Gemeinschaftsarbeit sachkundiger Vertreter aller Rechtszweigdisziplinen und der Theorie zu organisieren mit dem Ziel, einen Beitrag zu leisten:

- zu einer einheitlichen, komplexen aufeinander abgestimmten rechtlichen Regelung und Verwirklichung der rechtlichen Verantwortlichkeit in unserer Rechtsordnung;
- zur Weiterentwicklung der allgemeinen Theorie des Staates und des Rechts und der Theorie der Rechtszweige;
- zur Realisierung der Forderung der 25. RGW-Tagung nach Rechtsangleichung der unterschiedlichen Verantwortlichkeitskonzeptionen und -regelungen in den Rechtsordnungen der sozialistischen Länder;
- zur Qualifizierung der Ausbildung von Juristen an den Hochschulen.

Gegenwärtig werden die Studenten mit einer Vielfalt detaillierter Verantwortlichkeitsprobleme der Rechtszweige vertraut gemacht, ohne daß ihnen genügend die gegenseitigen Bezüge der Verantwortlichkeitsregelungen und vor allem eine einheitliche allgemeintheoretische Konzeption sowohl von Vertretern der Theorie als auch von Rechtszweigwissenschaftlern vermittelt werden. Dieser bedürfen sie aber nicht zuletzt in ihrer künftigen Tätigkeit in der sozialistischen Praxis als Kompaß, da sich infolge der dynamischen Entwicklung der gesellschaftlichen Verhältnisse die Verantwortlichkeitsregelungen, mit denen sie sich während des Studiums vertraut gemacht haben, verändern werden.

Diese einführenden Bemerkungen, die sich auf die Herausarbeitung der Spezifik der rechtlichen Verantwortlichkeit konzentrieren sollte und durch die sie sich von anderen Gewährleistungselementen auch unterscheidet, hielt ich für notwendig, um zu einer begrifflichen Erfassung der rechtlichen Verantwortlichkeit beizutragen.

Um einer isolierten Betrachtungsweise dieses Diskussionskomplexes zu begegnen, möchte ich aus der Fülle der Verantwortlichkeitsproblematik drei Aspekte voranstellen:

1. Die rechtliche Reaktion in Gestalt von Verantwortlichkeit auf Fehlverhalten macht nicht allein die Wirkung des sozialistischen Rechts aus. Diese ist primär auf normgemäßes, verantwortungsbewußtes, planmäßiges Handeln der Mitglieder der sozialistischen Gesellschaft ausgerichtet. Die historisch neuartige Aufgabe des sozialistischen Rechts, durch die es sich von jedem nichtsozialistischen Recht unterscheidet, besteht vor allem darin, den Mitgliedern der sozialistischen Gesellschaft als politisches Instrument zur Beherrschung der gesellschaftlichen Entwicklung, zur planmäßigen Gestaltung und zum sicheren Schutz ihrer gesellschaftlichen Beziehungen in Ausnutzung erkannter Gesetzmäßigkeiten zu dienen.[8] Insofern trägt die rechtliche Verantwortlichkeit vorwiegend akzessorischen Charakter. Sie wird für den Fall eines rechtsnormwidrigen Verhaltens statuiert und realisiert. Dabei ist zu beachten, daß eine Pflichtverletzung zugleich immer eine Verletzung eines Rechts eines Berechtigten ist. Die Wirkung der rechtlichen Verantwortlichkeit ist somit auf den Verpflichteten, mit dem Ziel der Korrektur, Beseitigung bzw. Konsumtion der Pflichtverletzung, und auf den Berechtigten, mit dem Ziel, sein

Recht wieder herzustellen, erlittenen Schaden ersetzt zu bekommen etc., gerichtet. Die rechtliche Verantwortlichkeit wirkt somit sowohl auf den Verpflichteten als auch auf den Berechtigten als Gewährleistungselement.

2. Aus der Aufgabe des sozialistischen Rechts, den Mitgliedern der sozialistischen Gesellschaft vor allem dazu zu dienen, ihre kollektiven und persönlichen Interessen mit den im Recht geäußerten geamtgesellschaftlichen Interessen, die die jeweiligen Erfordernisse und realen Möglichkeiten der gesetzmäßigen Entwicklung der sozialistischen Gesellschaft, d. h. den Klassenwillen der Arbeiterklasse und ihrer Verbündeten ausdrücken, zu verbinden und ihre gesellschaftlichen Beziehungen planmäßig zu gestalten und zu schützen, ergibt sich ein Wechselverhältnis zwischen gesellschaftlicher Verantwortung zu normgemäßem Handeln und rechtlicher Verantwortlichkeit für Pflichverletzungen. Zunehmende Verantwortung für normgemäßes Verhalten bedingt eine Abnahme von Rechtsverletzungen und vom Eintritt rechtlicher Verantwortlichkeit. Dabei darf aus dieser Entwicklungstendenz, die mit dem gesetzmäßigen Anwachsen des subjektiven Faktors verbunden ist, nicht geschlußfolgert werden, daß die rechtliche Verantwortlichkeit aufhört, Wesensmerkmal des sozialistischen Rechts zu sein. Sie ist dem Recht inhärent, solange es besteht.
3. Innerhalb der Aufgaben des sozialistischen Rechts bei der Ausnutzung erkannter objektiver Gesetzmäßigkeiten durch planmäßiges Handeln der Mitglieder der sozialistischen Gesellschaft fällt der rechtlichen Verantwortlichkeit eine spezifische Aufgabe zu.[9] Sie besteht vor allem darin, die Bedingungen zu beseitigen, einzuschränken und zu hemmen, die den Anforderungen der objektiven Gesetze nicht entsprechen, um so dazu beizutragen, daß negative Wirkungen ausgeschlossen bzw. eingeschränkt oder gehemmt werden.

Die gesellschaftliche Funktion der rechtlichen Verantwortlichkeit die niemals allein, sondern immer zusammen mit vielfältigen anderen rechtlichen und gesellschaftlichen Gewährleistungsfunktionen wirkt, besteht somit vor allem darin, daß sie differenziert auf das Verhalten der Verpflichteten erzieherisch mit folgenden Zielen einwirkt:

- Die rechtliche Verantwortlichkeit soll die Mitglieder der sozialistischen Gesellschaft zum aktiven, den Forderungen des sozialistischen Rechts entsprechenden Handeln, zur gewissenhaften Erfüllung der Pflichten und der schöpferischen Wahrnehmung der Rechte veranlassen.

Zugleich orientiert sie die Normadressaten auf Anstrengungen zur vorbeugenden Beseitigung der Ursachen und Bedingungen von Rechtsverletzungen. Die rechtliche Verantwortlichkeit ist weiterhin darauf gerichtet, rechtsgefährdende Einstellungen und vorhandene Motive für rechtswidriges Verhalten bei Verpfichteten beseitigen zu helfen, damit prophylaktisch Rechtsverletzungen zu verhindern und so auch mit beizutragen, Bedingungen für negative Wirkungen auszuschalten. Durch die Verantwortlichkeitsregelung soll der Verpflichtete von einer möglichen Rechtsverletzung abgehalten und zu einem normgemäßen Verhalten stimuliert werden, wobei bei der Ausgestaltung der Verantwortlichkeitsregelung darauf zu achten ist, daß die Motive dazu noch nicht immer aus Einsicht in das gesellschaftlich notwendige Verhalten resultieren. Die prophylaktische Wirkung der rechtlichen Verantwortlichkeit ist neben der oben geschilderten Wirkung vor allem darauf gerichtet, die durch verschiedenartige Bedingungen gegebene Möglichkeit einer Rechtsverletzung nicht zur Wirklichkeit werden zu lassen.

- Bei eingetretener Pflichtverletzung dient die rechtliche Verantwortlichkeit dazu, auf den Rechtsverletzer erzieherisch in verschiedenen Richtungen dahingehend einzuwirken, daß er die nachteiligen Auswirkungen der Pflichtverletzung, die zugleich immer eine Verletzung von Rechten ist, mit dem Ziel korrigiert, die Störungen im planmäßigen Ablauf sozialer Gesetze zu beseitigen, bzw. zu hemmen, einzuschränken oder zu kompensieren. Die durch die Pflichtverletzung ausgelösten Rechtsfolgen sind darauf gerichtet, den Pflichtverletzer zu veranlassen, das geforderte Verhalten noch zu erbringen, die verletzte Pflicht noch zu erfüllen, das verletzte Recht wiederherzustellen, den durch die Nichterfüllung entstandenen Schaden zu ersetzen. Wenn eine Beseitigung der negativen Wirkungen nicht mehr möglich ist, werden ihm andere Sanktionen, z. B. Entzug des Erziehungsrechts, Strafen etc. auferlegt, die vorwiegend ebenfalls die Aufgabe haben, ihn künftig zu Einsichten in das gesellschaftlich notwendige Verhalten zu führen.

- Die rechtliche Verantwortlichkeit ist durch ihre erzieherische, verhaltensorientierende, Rechtsverletzungen vorbeugende und Rechtsverletzungen korrigierende und kompensierende Wirkung eine entscheidende rechtliche Garantie für die Wahrnehmung der mit den Pflichten korrespondierenden Rechte durch die Berechtigten. Sie ist ein spezifisches Rechtsinstrument zur Gewährleistung der sozialistischen Rechtssicherheit, der sozialistischen Gesetzlichkeit und damit der gesamten sozialistischen Rechtsordnung.

Aus der spezifischen Aufgabe der rechtlichen Verantwortlichkeit sind im Rahmen des sozialistischen Rechts konkrete Schlußfolgerungen z. B. für die Ausgestaltung des Tatbestands- und Rechtsfolgeteils der Rechtsnormen abzuleiten. Es sind, geht man von der zweigliedrigen Struktur der Rechtsnormen aus, die Normen, die darauf gerichtet sind, negative Wirkungen auszuschließen bzw. einzuschränken oder zu hemmen, von den Normen zu unterscheiden, die nicht darauf gerichtet sind, Hindernisse wegzuräumen bzw. einzuschränken, sondern die primär das gesellschaftlich organisierte, planmäßige Handeln der Mitglieder der sozialistischen Gesellschaft stimulieren sollen.[10]

Zugleich ergeben sich aus den spezifischen Aufgaben der rechtlichen Verantwortlichkeit Schlußfolgerungen für die Ausgestaltung und Wirkungsweise der Rechtsfolgen der rechtlichen Verantwortlichkeit.[11] Diese aus der Fülle der Probleme der rechtlichen Verantwortlichkeit aufgeführten drei Aspekte sind zu ihrer Charakterisierung mit einzubeziehen, um isolierte Betrachtungen zu vermeiden.

Die rechtliche Verantwortlichkeit für Pflichtverletzungen in der sozialistischen Gesellschaft ist dem System der rechtlichen Gewährleistung des sozialistischen Rechts zugehörig. Die Funktion des sozialistischen Rechts als Regulator (Ordner) gesellschaftlicher Beziehungen zwischen den Mitgliedern der sozialistischen Gesellschaft schließt die Gewährleistung pflichtgemäßen Handelns sowie der Rechte der Gesellschaftsglieder ein. Die Gewährleistung erfolgt auf verschiedene Weise, mit rechtlichen und nichtrechtlichen Mitteln. Die rechtliche Verantwortlichkeit ist eines der Gewährleistungsinstrumentarien und damit zugleich wesentlicher Verbindlichkeitsfaktor des sozialistischen Rechts. Sie stellt eine Reaktion auf Fehlverhalten dar, wobei dieses Fehlverhalten in seinem sozial-negativen Gehalt stark differenziert ist, dementsprechend sind auch die Gewährleistungsmittel, die auf den Rechtsverletzer einwirken, die Sanktionen, unterschiedlich ausgestaltet.

In Wissenschaft und Praxis bestehen gegenwärtig noch sehr unterschiedliche Auffassungen darüber, was unter rechtlicher Verantwortlichkeit im einzelnen zu verstehen ist. Einig ist man sich lediglich darin, daß die rechtliche Verantwortlichkeit das an die Nichteinhaltung einer Rechtspflicht geknüpfte Eintreten nachteiliger Folgen für den Verpflichteten bedeutet. Aber das hat die Verantwortlichkeit auch mit anderen rechtlichen Gewähleistungsmaßnahmen gemein.

Die Vielfalt der Erscheinungen der rechtlichen Verantwortlichkeit, ihre Umfänglichkeit und Differenziertheit, ihre Sonder- und Ausnahmegestaltung und -regelung in den einzelnen Rechtszweigen zeigt ein vielgestaltiges Bild, durch das sich die rechtliche Verantwortlichkeit von den anderen Gewährleistungsmaßnahmen unterscheidet.

Ausgehend von den Erfordernissen, die die gesellschaftliche Entwicklung an die Ausgestaltung der rechtlichen Kategorie der Verantwortlichkeit stellt, läßt sich ihre Spezifik gegenüber anderen Gewährleistungselementen durch Kriterien folgender drei Ebenen, die eng miteinander verbunden sind, bestimmen:

– nach der Art der nicht eingehaltenen Rechtspflicht,
– nach der Art der Nichteinhaltung bzw. Nichterfüllung der Rechtspflicht,
– nach der Art der Rechtsfolge für das Nichteinhalten bzw. das Nichterfüllen der Rechtspflicht.

1. Bisher sind die Pflichten, deren Nichteinhaltung rechtliche Verantwortlichkeit nach sich ziehen kann, noch nicht allgemein für die gesamte Rechtsordnung exakt und einheitlich charakterisiert worden. Es wurde sich vorwiegend mit der allgemeinen Aussage beschieden, daß bei Nichteinhaltung von Rechtspflichten rechtliche Verantwortlichkeit eintritt. Bedeutet das aber, daß jede Rechtspflichtverletzung auch rechtliche Verantwortlichkeit nach sich ziehen muß, oder gibt es auch Rechtspflichten, deren Nichteinhaltung durch den Verpflichteten keine rechtliche Verantwortlichkeit begründet? Dieses Problem wird oft aus der Sicht der gesamten Gewährleistung des sozialistischen Rechts aufgeworfen und konstatiert; die Gewährleistung der Rechtspflicht erfolgt nicht nur durch das Institut der rechtlichen Verantwortlichkeit. Dem ist zuzustimmen, allein damit ist aber noch keine Antwort auf die Frage gegeben, ob jede Nichteinhaltung von Rechtspflichten rechtliche Verantwortlichkeit nach sich ziehen muß.

Selbstverständlich ist die Gewährleistung des sozialistischen Rechts nicht allein und nicht primär darauf ausgerichtet, auf Rechtspflichtverletzungen zu reagieren, sondern es soll vielmehr mittels vielfältiger ökonomischer, politischer, organisatorischer und rechtlicher Gewährleistungsfaktoren millionenfaches planmäßiges, normgemäßes Handeln der Mitglieder der sozialistischen Gesellschaft bewirkt werden. Die Gewährleistung der Pflichten und Rechte erschöpft sich deshalb nicht in der Reaktion auf Nichteinhaltung von Rechtspflichten durch den Verpfichteten.

Eine entscheidende Gewährleistungskomponente für Pflichterfüllung ist z. B. die Meisterung adäquater Widerspiegelung gesellschaftlicher Erfordernisse in Pflichten und Rechten, ihre klare, handhabbare überschaubare Ausgestaltung; wobei es nicht nur eine Forderung an den Gesetzgeber ist, klare Pflichten und Rechte in Rechtsnormen, geäußert im Normativakt, zu setzen, sondern auch an alle diejenigen, die rechtlich berechtigt bzw. verpflichtet sind, auf der Grundlage und in Verwirklichung von Rechtsnormen Rechte und Pflichten in nichtnormative Einzel- und Kollektiventscheidungen auszugestalten bzw. zu begründen.[12]

Ein anderer Gewährleistungsfaktor für pflichtgemäßes Verhalten ist die im Rechtsbildungsprozeß bewußt zu gestaltende und im Rechtsverwirklichungsprozeß bewußt zu verwirklichende Einheit von Rechten und Pflichten, verstanden als deren Zusammenwirken zur Erreichung gesellschaftlicher und persönlicher Zielstellungen. Die Rechte und Pflichten sind in dialektischer Einheit verbunden, ohne daß dadurch ihre Unterschiedlichkeit beeinträchtigt oder gar aufgehoben wird. Es gehört vielmehr zur Eigentümlichkeit des sozialistischen Rechts, zu seiner Allgemeinverbindlichkeit und Durchsetzbarkeit, daß es keine Rechte ohne Pflichten und keine Pflichten ohne Rechte geben darf. Oft bedarf der Normadressat zur Erfüllung seiner Pflichten auch der entsprechenden Rechte.

Die Ausgestaltung der Rechte und Pflichten und ihr bewußt herbeigeführtes Zusammenwirken schafft Sicherheit, Rechtsschutz, Verläßlichkeit der in Realisierung dieser Rechte und Pflichten eingegangenen gesellschaftlichen Verhältnisse. Millionenfach werden die Rechte und Pflichten von den Mitgliedern der sozialistischen Gesellschaft als Instruktionen zum praktischen Handeln, als verläßliche Gestaltungsmittel benutzt. Diese Leistung, die die bewußt gestaltete Einheit von Rechten und Pflichten für diese Gestaltung der Beziehungen der Mitglieder erbringt, ist ebenfalls Teil des Gewährleistungsmechanismus.[13]

Es ist also zutreffend, daß die Aufgabe der Gewährleistung des sozialistischen Rechts nicht nur und nicht primär in der Reaktion auf Nichteinhaltung von Rechtspflichten besteht. Um auf das eingangs gestellte Problem zurückzukommen, ist aber zu fragen, ist es auch eine wesentliche Aufgabe der Gewährleistung, auf jede Pflichtverletzung zu reagieren? Nach meiner Meinung ist dies zu bejahen. Auch bei dieser Problematik muß man von den gesellschaftlichen Anforderungen, die an das sozialistische Recht gestellt werden, ausgehen.

Die Mitglieder der sozialistischen Gesellschaft brauchen verläßliche, verbindliche, staatlich garantierte Maßstäbe für ihre Arbeit am fortschreitenden planmäßigen Aufbau des Sozialismus. Sie bedürfen verbindlicher Bestimmungen dafür, in welcher Richtung, innerhalb welcher Entscheidungsfelder sie ihre Tätigkeit selbst richtig in den Rahmen der gesamtgesellschaftlichen Entwicklung einordnen, in welchen Bereichen sie verantwortliche Entscheidungen in Verwirklichung ihrer individuellen und kollektiven Interessen treffen und verwirklichen können, die den Interessen der Arbeiterklasse dienen. Die Notwendigkeit eines allgemein-verbindlichen rechtlichen Verhaltensmaßstabes ergibt sich aus der erforderlichen planmäßigen Organisation der gesellschaftlichen Verhältnisse.

Damit die Arbeiterklasse und die mit ihr Verbündeten mit dem sozialistischen Recht eine solche Regulierungsfunktion zur planmäßigen Gestaltung und zum sicheren Schutz gesellschaftlicher Beziehungen der Mitglieder der sozialistischen Gesellschaft einschließlich der Gewährleistung ihrer Rechte erbringen kann, ist es erforderlich, daß das sozialistische Recht nicht als bloßer Verhaltensplan oder Verhaltensvorschlag ausgestaltet und begriffen wird, sondern ein zuverlässiger, allgemeinverbindlicher staatlich gewährleisteter Verhaltensmaßstab ist, mit dem die Mitglieder der sozialistischen Gesellschaft ihre Verhältnisse gestalten, ihnen Stabilität und Sicherheit verleihen. Entsprechend dem Prinzip der sozialistischen Gesetzlichkeit müssen die Normadressaten sicher sein, müssen sie sich darauf verlassen können, daß der in jeder Rechtsnorm objektivierte Klassenwille gilt, bzw. daß ihm Geltung verschafft werden kann, d. h., daß er allgemeinverbindlich und damit zugleich staatlich gewährleistet ist. Das erfordert, daß Gewährleitungsnormen zu bilden sind, die akzessorisch mit allen anderen Rechtsnormen verbunden sind. Aus der Allgemeinverbindlichkeit des sozialistischen Rechts ergibt sich daher, daß mit der Begründung von Rechtsnormen aller Arten (Stimulierungs-Organisations-Kompetenz, Rechtskontrollnormen etc.) zugleich sogenannte Gewährleistungsnormen zu begründen sind, wenn dies nicht bereits schon in anderen Normativakten, z. B. im Gesetz über die Bekämpfung von Ordnungswidrigkeiten, geschehen ist.[14]

Ist nun aber jede Nichteinhaltung von Rechtspflichten durch das Institut der rechtlichen Verantwortlichkeit zu gewährleisten? Dieses Problem befindet sich im Meinungsstreit. Die rechtliche Verantwortlichkeit ist ein wesentliches Element der Gewährleistung des sozialistischen Rechts, ist spezifische Reaktion bzw. Vorbeugung auf Rechtspflichverletzungen. Sie ist aber nicht Reaktion auf jede nicht eingehaltene Rechtspflicht.

Es geht wohl bei Rechtspflichten, deren Nichteinhaltung rechtliche Verantwortlichkeit nach sich ziehen kann, im wesentlichen um solche, die ein Verhalten fordern, an dessen Erbringung die sozialistische Gesellschaft in jedem Fall interessiert ist, weil sein Nichterbringen Nachteile für die Gesellschaft oder den einzelnen (Bürger, Betrieb etc.) zur Folge hat. Dort, wo das Nichterbringen des Verhaltens nicht diese Wirkung hat, sondern z. B. auf Wahrnehmung der eigenen Interessen des Verpflichteten beschränkt bleibt (die Pflicht zur Vervollständigung der Unterlagen zur Anmeldung eines Patents, deren Nichteinhaltung zur Zurückweisung der Patentanmeldung führt), wird gewöhnlich nicht von rechtlicher Verantwortlichkeit gesprochen. Ist z. B. Schriftform Voraussetzung für das Zustandekommen eines Vertrags, so löst das Unterlassen keine rechtliche Verantwortlichkeit aus, es sei denn, daß der Partner für den Fall des Unterlassens dem anderen Partner gegenüber schadenersatzpflichtig ist.

Bei der Festlegung des Kreises der Pflichten, deren Nichteinhaltung rechtliche Verantwortlichkeit auslösen kann, ist auch das Problem der Rechtspflichten in vertikalen Leitungsbeziehungen mit zu untersuchen.

Durch die in Publikationen geführte Diskussion zum Wesen rechtlicher Aufgabenstellungen ist diese Problematik noch erweitert worden, denn es stellt sich die Frage, ob auch die Einhaltung dieser Aufgaben rechtlicher Gewährleistung bedarf. Bei den rechtlichen Aufgabenstellungen handelt es sich um eine besondere Art von Pflichten, denen zu ihrer Erfüllung auch entsprechende Rechte zugeordnet werden müssen. Der rechtliche Charakter einer solchen Aufgabe, die wie jede rechtliche Verhaltensaufforderung politischer Maßstab für gesetzmäßiges Verhalten ist, besteht nicht nur darin, daß der sozialistische Staat durch sie Erkenntnis darüber vermittelt, welches gesellschaftliche Verhalten nötig ist, sondern auch zugleich verbindlich verlangt, daß die gestellte Aufgabe durch entsprechendes Handeln tatsächlich erfüllt wird und dies auch durch ideologische, ökonomische, organisatorische und rechtliche Maßnahmen gewährleistet. Dabei kann die Gewährleistung auch durch Begründung weiterer Rechte und Pflichten, einschließlich der Statuierung der rechtlichen Verantwortlichkeit für den Fall der Nichteinhaltung dieser Pflichten erfolgen. In diesem Zusammenhang ist auch die Frage nach dem Verhältnis zwischen Rechtspflicht; juristischer Verantwortung und rechtlicher Verantwortlichkeit bei Verletzung eines rechtlich ausgewiesenen Verantwortungsbereiches von besonderem Interesse.[15]

Die Bestimmung der Spezifik der rechtlichen Verantwortlichkeit über die Art der Nichteinhaltung bzw. Nichterfüllung von Rechtspflichten, die zum Eintritt der rechtlichen Verantwortlichkeit führt, ist die umstrittenste Frage. Die einen wollen die zur Verantwortlickeit führende Nichteinhaltung von Rechtspflichten auf schuldhaftes Verhalten beschränken. Andere wollen diese Schranke überwinden und dehnen die Verantwortlichkeit dabei nicht nur auf vom Verpflichteten verursachte Nichteinhaltung seiner Rechtspflicht aus, sondern gehen bis zur Einbeziehung echter Risikofälle. Die letztere Konzeption liegt insbesondere den Verantwortlichkeitsregelungen im Vertragsgesetz und dem ZGB zugrunde.

Die Vertreter des Verschuldungsprinzips sehen in dem individuellen schuldhaften, vorsätzlichen oder fahrlässigen Nichteinhalten von Pflichten Rechtsverletzungen, deren subjektive Seite das schuldhafte Verhalten ist. An diese Rechtsverletzungen knüpfen sie die rechtliche Verantwortlichkeit mit ihren Rechtsfolgen. Diese Konzeption liegt der strafrechtlichen Verantwortlichkeit, aber z. B. auch der arbeitsrechtlichen Verantwortlichkeit der Werktätigen zugrunde. Ihr ist der Schuldvorwurf für Pflichtverletzungen inhärent. Der Pflichtverletzer muß sich für sein schuldhaftes rechtswidriges Verhalten vor der sozialistischen Gesellschaft und ihren Mitgliedern verantworten, vor allem mit dem Ziel der Ausprägung des gesellschaftlichen Verantwortungsbewußtseins und damit für die Ausprägung der sozialistischen Bewußtheit.

Eine Grenze dieser Konzeption liegt im individuellen Schuldbegriff; denn auch handelnde Kollektivsubjekte (Wirtschaftseinheiten, wirtschaftsleitende Organe, der Staat als Rechtssubjekt) können Pflichtverletzungen begehen. Hier ist die Frage der subjektiven Voraussetzungen bei kollektiven Pflichtverletzungen durch Kollektivsubjekte aufgeworfen. Entsprechend den Grundprinzipien der sozialistischen Gesellschaft, entsprechend dem Wesen des sozialistischen Rechts, in dem der Klassenwille, der die gesellschaftlichen Interessen beinhaltet, ausgedrückt ist, ist es der sozialistischen Gesellschaft und ihren Mitgliedern nicht gleichgültig, warum Pflichten nicht eingehalten wurden, worin die subjektiven Voraussetzungen für die Rechtspflichtverletzung liegen.

Auch Rechtspflichtverletzungen eines Kollektivsubjekts, die oft zu großen Schäden für die sozialistische Gesellschaft und ihre Mitglieder führen, müssen bewertet, und wenn sie dem Kollektivsubjekt zuzurechnen sind, ihm auch vorgeworfen werden. Das Kollektiv muß der sozialistischen Gesellschaft und ihren Mitgliedern gegenüber für dieses Fehlverhalten verantwortlich gemacht werden. Es wurde deshalb neben dem individuellen Schuldbegriff ein weiterer Schuldbegriff verwendet, der der subjektiven Anrechenbarkeit bzw. Vorwerfbarkeit von Pflichtverletzungen durch kollektive Rechtssubjekte. Die Ausgestaltung dieser subjektiven Seite oder subjektiven Voraussetzung einer Rechtspflichtverletzung eines Kollektivsubjekts, die vom Gesetzgeber zuerst im Vertragsgesetz ausgestaltet wurde, können wir durch Umkehrschluß aus § 82 (2) VG entnehmen. Eine ähnliche Ausgestaltung finden wir in § 343 ZGB oder in § 267 (2) AGB.

Aus allgemeintheoretischer Sicht kann man diese subjektive Anrechenbarkeit gleich der individuellen Schuld als subjektive Seite der Rechtsverletzung werten, die die rechtliche Verantwortlichkeit nach sich zieht. Damit wird die subjektive Anrechenbarkeit für Rechtspflichtverletzung durch Kollektivsubjekte von der Konzeption, nach der rechtlichen Verantwortlichkeit Einstehen für schuldhafte Pflichtverletzung beinhaltet mit erfaßt.

Des weiteren wurde, insbesondere von Vertretern des Wirtschaftsrechts, eine weitere Konzeption für die rechtliche Verantwortlichkeit von kollektiven Rechtssubjekten für Pflichtverletzungen entwickelt. Sie hat in das Vertragsgesetz, das Zivilgesetz (§ 343 ff.), das Arbeitsgesetz (§ 267, 1–2) Eingang gefunden, wenngleich unter verschiedenartiger Überschrift (Vertragsgesetz: „Materielle Verantwortlichkeit", Arbeitsgesetz: „Schadensersatzleistung des Betriebes", Zivilgesetzbuch: „Erweiterte Verantwortlichkeit für Schadenszufügung"). Es ist eine rechtliche Verantwortlichkeit für Nichteinhaltung von Pflichten ohne Rücksicht, ob die Rechtspflichtverletzung subjektiv anrechenbar oder nicht anrechenbar ist. § 79 des VG enthält den Grundsatz der materiellen Verantwortlichkeit: „Die Partner sind für die Nichterfüllung oder nichtgehörige Erfüllung der vertraglichen Pflichten voll verantwortlich. Sie haben alle materiellen Fogen der Vertragsverletzung zu tragen." § 82 des VG räumt eine Einschränkung ein: Eine Befreiung von den Rechtsfolgen, Vertragsstrafe und Schadenersatz ist möglich, wenn der Nachweis geführt wird, daß die zur Rechtspflichtverletzung führenden Umstände subjektiv nicht anrechenbar sind. Wobei das entsprechend dieser Konzeption der rechtlichen Verantwortlichkeit für subjektiv anrechenbare und subjektiv nicht anrechenbare Pflichtverletzungen keine Befreiung bzw. kein Wegfall der Verantwortlichkeit, sondern nur eine Befreiung von Rechtsfolgen ist. Die rechtliche Verantwortlichkeit besteht nach wie vor, da eine Pflichtverletzung vorliegt, aber nachgewiesen wird, daß es sich um eine unverschuldete handelt.

Mit dieser Konzeption wird die Schranke der schuldhaften Pflichtverletzung für bestimmte Rechtsverletzungen – selbstverständlich nicht für Strafrechtsverletzungen – überwunden. Dabei wird diese erweiterte Verantwortlichkeit nicht nur auf das vom Verpflichteten verursachte Nichteinhalten seiner Pflicht ausgedehnt, sondern, wie z. B. in § 345, 346 ZGB Verantwortlichkeit für Tier- und Kraftfahrzeughalter, bis zur Einbeziehung echter Risikofälle gegangen. Die beiden Auffassungen, die von der schuldhaften Verantwortlichkeit und die von der erweiterten Verantwortlichkeit, sind, wenn man sie näher betrachtet, nicht so weit voneinander entfernt, wie es auf den ersten Blick scheint. Der sozialistischen Gesellschaftsentwicklung wohnt eine Tendenz der steigenden Beherrschbarkeit technischer und ökonomischer Prozesse inne, die ihren Ausdruck in wachsenden Anforderungen an die Einhaltung von Rechtspflichten findet. Dem kann auch mit dem Verschuldensprinzip in Gestalt von Verschuldensvermutung und der Einschränkung von Widerlegungsmöglichkeiten für diese Vermutungen Rechnung getragen werden. So zeigt sich bei den Kontrahenten des Meinungsstreits auch eine weitgehende Übereinstimmung in der konkreten Ausregelung der Rechtsfolgen bei der Nichteinhaltung von Rechtspflichten. Die Differenz liegt im Grunde im Konzeptionellen: Sollen bestimmte Formen der Nichteinhaltung von Pflichten und das daran geknüpfte Eintreten bestimmter Rechtsfolgen als rechtliche Verantwortlichkeit gefaßt werden oder nicht? Ist die subjektive Vorwerfbarkeit und das sich vor der Gesellschaft und ihren Mitgliedern für dieses Fehlverhalten Verantwortenmüssen Wesensmerkmal jeder rechtlichen Verantwortlichkeit in der sozialistischen Gesellschaft oder nicht?

Die Anhänger des Verschuldensprinzips wollen die rechtliche Verantwortlichkeit mehr als Reaktion des sozialistischen Staates auf vorwerfbares Verhalten verstanden wissen, stellen die gesellschaftliche Bewertung, die politisch-ideologische und moralisch-ethische Wertschätzung in den Mittelpunkt, während die andere Seite das zwar auch betont, es aber nicht durchgängig zur Leitschnur ihrer Auffassung macht. In dieser politisch-ideologischen und moralisch-ethischen Bewertung liegt ein nicht zu unterschätzender Vorzug des Verschuldensprinzips.

Eine Aussage darüber, welcher Konzeption der Vorzug zu geben ist – vielleicht geht es weniger um ein entweder oder als vielmehr um eine wirksame Verbindung der Prinzipien –, kann noch nicht getroffen werden, da sich diese Problematik noch im Meinungsstreit befindet.

Die Konzeption der erweiterten Verantwortlichkeit wird vor allem aus Erwägungen der Sicherung der Rechte der Berechtigten gegen Verletzungen ihrer Rechte durch Pflichtverletzungen vertreten. Die Auffassungen zur subjektiven Seite der Pflichtverletzungen durch kollektive Rechtssubjekte von Vertretern dieser Konzeption, insbesondere durch Wirtschaftsrechtswissenschaftler, hat zu weiteren Überlegungen angeregt. Das bezieht sich z. B. darauf, daß nicht genügend nachdrücklich verlangt wird, daß die subjektiv anrechenbare Pflichtverletzung durch kollektive Rechtssubjekte ihnen nicht konkret nachzuweisen sind, sondern daß sie pauschal vermutet werden. De facto wird dem Pflichtverletzer politisch-moralisch das Fehlverhalten nicht konkret vorgeworfen und von ihm nicht gefordert, sich vor der sozialistischen Gesellschaft und ihren Mitgliedern dafür zu verantworten. Den Vertretern der erweiterten Verantwortlichkeitsauffassung ist darin zuzustimmen, daß das Tätigwerden eines kollektiven Rechtssubjekts, z. B. eines Kombinats, gegenüber dem Tätigwerden eines Individuums qualitative Unterschiede aufweist. Das zeigt sich unter anderem darin, daß es oft kompliziert und mit großem Aufwand verbunden ist, Rechtspfichtverletzungen eines Betriebes auf das Verhalten eines Mitarbeiters oder einer Gruppe von ihnen zurückzuführen, weil meist, wie z. B. W. Panzer hervorhebt, „die Pflichtverletzungen die

Folge des Zusammentreffens einer Vielzahl von Umständen und Verhaltensweisen sind".[16] Dem ist zuzustimmen, seiner weiteren Schlußfolgerung in dieser Absolutheit jedoch nicht, nämlich, daß in der überwiegenden Zahl der Fälle Pflichtverletzungen die Folge des Zusammentreffens einer Vielzahl von Umständen und Verhaltensweisen sind, deren Ursache-Wirkungs-Verhältnis im einzelnen gar nicht mehr festgestellt werden kann und eigentlich auch nicht festgestellt werden braucht. Hierin komme ja gerade die neue Qualität eines handelnden kollektiven Rechtssubjekts zum Ausdruck, und die adäquate rechtliche Reaktion für kollektives Handeln ist die wirtschaftsrechtliche (kollektive) Verantwortlichkeit.[17]

Die dargelegten Auffassungen könnten immerhin eine Auslegung zulassen, wonach es nicht nötig sei, dem Betrieb, der doch aus arbeitenden Menschen besteht, ein Zurückbleiben hinter gesellschaftlichen Anforderungen für subjektiv anrechenbares Fehlverhalten vorzuwerfen. Eine solche Auslegung wollen die Vertreter dieser Auffassung sicher selbst nicht. So weisen sie in Diskussion zu diesem Problem z. B. auf eine Instruktion des Vertragsgerichts hin, nach der bei Zahlung der Vertragsstrafe nach § 79 VG der Grund für die Pflichtverletzung nachzuweisen ist.

Des weiteren heben sie hervor, daß als Rechtspflicht, z. B. in § 84 VG, formuliert sei, daß der Leiter des Betriebes für die Aufdeckung der Ursachen für Vertragsverletzungen etc. verantwortlich ist und daß die wirtschaftsrechtliche Verantwortlichkeit in persönliche arbeitsrechtliche Verantwortlichkeit überführt werden kann. Wie ernst wird aber z. B. die Pflicht des Leiters aus § 84 VG dann genommen, wonach er Ursachen von Vertragsverletzungen aufdecken und die für die Vertragsverletzung Verantwortlichen feststellen muß, wenn aus der neuen Qualität eines handelnden kollektiven Rechtssubjekts begründet wird, daß Rechtspflichtverletzungen die Folge des Zusammentreffens einer Vielzahl von Umständen und Verhaltensweisen sind, deren Ursache-Wirkungs-Verhalten im einzelnen nicht festgestellt zu werden braucht?

Es ist der Auffassung zuzustimmen, daß das Geltendmachen und Realisieren von Rechtsfolgen nicht nur der End-, sondern zugleich auch der Ausgangspunkt für entsprechende Leitungsmaßnahmen ist.[18] Die Werktätigen des Betriebes müssen mehr als bisher darüber informiert werden, welche Betriebseinheit eine Vertragsverletzung in welcher Höhe begangen hat, welche Sanktionen dafür auferlegt wurden, welche Verantwortungsmaßstäbe die sozialistische Gesellschaft setzt, um das Verantwortungsbewußtsein jedes Betriebsangehörigen auch durch Auswertung der Rechtsverletzung auszuprägen. Noch zu wenig Vorstellungen gibt es darüber, wie wirksam auf die für die Rechtspflichtverletzung verantwortlichen kollektiven Rechtssubjekte eingewirkt werden kann.

Auch das Argument, wonach mit der Regelung der §§ 79, 82 des VG besser als mit dem Verschuldensprinzip die Berechtigten geschützt werden, weil mit der Ausnahme der Exculpation aus § 82 VG unabhängig von der subjektiven Anrechenbarkeit der Verpflichtete für jede Nichteinhaltung der Pflicht dem Berechtigten gegenüber eintreten muß, überzeugt nicht so recht.

Das Verschuldensprinzip bietet im Sozialismus auch breite Schutzmöglichkeiten für den Berechtigten. Der sozialistischen Gesellschaftsentwicklung wohnt die Tendenz der steigenden Beherrschbarkeit der gesellschaftlichen Prozesse, insbesondere auch der technischen und ökonomischen, und des ständigen Anwachsens der Rolle des subjektiven Faktors inne. Das drückt sich in neuen Aufgaben, in wachsenden Anforderungen, in erhöhter Verantwortung, in einem größeren Pflichtengehalt der kollektiven Rechtssubjekte und in den entsprechenden anwachsenden höheren Anforderungen an die Einhaltung der Pflichten aus. Dementsprechend nimmt der Umfang der Zurechenbarkeit der Rechtspflichtverletzung durch kollektive Rechtssubjekte zu.

Aufgrund der immer besseren Beherrschbarkeit gesellschaftlicher Prozesse, der großen Potenzen eines Kombinats oder des gesamten Staates, sind auch Schuldvermutung und Einschränkungen der Widerlegungsmöglichkeiten für diese Rechtsverletzungen immer mehr den kollektiven pflichtverletzenden Rechtssubjekten zumutbar. Es wird daher auch für richtig gehalten, daß die subjektive Zurechenbarkeit einer Pflichtverletzung in § 82 VG so weit gefaßt worden ist. Mit zunehmender prognostischer Beherrschbarkeit der gesellschaftlichen Prozesse, zunehmender qualifizierterer Ausgestaltung der Rechtspflichten und Rechte (adäquate Widerspiegelung der gesellschaftlichen Erfordernisse in solchen Verhaltensnormen, die von den Normadressaten tatsächlich realisierbar sind) werden sich die nichtzurechenbaren Pflichtverletzungen von kollektiven Rechtssubjekten verringern. Man kann – fortschreitend – die subjektive Anrechenbarkeit von Pflichtverletzungen von kollektiven Rechtssubjekten so weit ausdehnen, daß die meisten Fälle der Nichteinhaltung von Rechtspflichtverletzungen erfaßt werden, so daß gegenüber der rechtlichen Regelung von § 79 VG kaum ein Nachteil besteht, wenn man noch vermerkt, daß die nicht anrechenbaren Pflichtverletzungen andere juristische Gewährleistungsmaßnahmen zur Folge haben, wie z. B. die Haftung. Der Vorteil einer solchen Handhabung der subjektiven Anrechenbarkeit besteht in der Realisierung solcher Forderungen wie:

- jedes rechtswidrige Fehlverhalten auch politisch-moralisch zu werten,
- es dem Pflichtverletzer vorzuwerfen
- und ihn dafür vor der sozialistischen Gesellschaft und ihren Mitgliedern verantwortlich zu machen.

Diese beiden angeführten Bemerkungen zur subjektiven Seite sind als ein Suchen nach der richtigen Widerspiegelung dieses Elements der rechtlichen Verantwortlichkeit und als Anregung zum Überdenken bezogener Standpunkte zu werten. Sie sollen, auch wenn sie durch bessere Argumente wieder zu korrigieren sind, zum Finden wahrer Aussagen beitragen.

In diesem Zusammenhang ist noch anzumerken, daß wir auf dem Weg der Erkenntnis der Wahrheit über die rechtliche Verantwortlichkeit mehr als bisher die konkret-soziologische Untersuchungsmethode anwenden sollten, da auch zur Erforschung allgemein theoretischer Probleme neue Fakten, statistische Angaben, Daten über Effektivität etc. erforderlich sind. Es sind konkret-soziologische Untersuchungen zu solchen Problemen durchzuführen wie:

- Was bewirkt der politisch-moralische Vorwurf einer subjektiv zurechenbaren Rechtspflichtverletzung bei einem kollektiven Rechtssubjekt tatsächlich?
- Welche Wirkungen haben bestimmte Sanktionen, z. B. die Wirtschaftssanktionen, der Schadensersatz, auf die Herausbildung von Verantwortungsbewußtsein, Staats-, Vertrags- und Plandisziplin der Werktätigen in den Betrieben?
- Was bewirkt die Vorwerfbarkeit der Rechtspflichtverletzungen gemäß dem Verschuldensprinzip bei den Werktätigen, besonders auch dann, wenn das Tragen der Folgen auf die staatliche Versicherung delegiert wird und diese nach den Grundsätzen der Haftung die 'Verantwortung' für den Verpflichteten trägt?

Solche Untersuchungen sind nötig, damit wir keinen toten Konzeptionsstreit führen, ohne daß wir beweisen können, daß die gesellschaftliche Nützlichkeit, die wir der einen oder der anderen Konzeption zuschreiben, auch tatsächlich vorhanden ist.

Da die Diskussion über die Rechtsprobleme mit dem Ziel geführt wird, zu einer allgemeinen Theorie der rechtlichen Verantwortlichkeit in der sozialistischen Gesellschaftsordnung beizutragen, und keine spezifische DDR-Theorie zu entwickeln, ist auch die rechtsvergleichende Methode zu handhaben, um die Aussagen der Rechtswissenschaftler der anderen sozialistischen Länder auf dem Weg der Erkenntnis der rechtlichen Verantwortlichkeit kennenzulernen, auszuwerten und den Meinungsstreit dazu zu führen.

3. Zur Bestimmung der Spezifik der rechtlichen Verantwortlichkeit, über die Art der Rechtsfolgen für das Nichteinhalten bzw. Nichterfüllen von Rechtspflichten gibt es ebenfalls unterschiedliche Standpunkte. Die Vertreter der Auffassung von der erweiterten Verantwortlichkeit im Unterschied zum Verschuldensprinzip ordnen bestimmte Rechtsfolgen der Nichteinhaltung von Pflichten ausschließlich der rechtlichen Verantwortlichkeit zu (z. B. Schadensersatz, Vertragsstrafe, Rücktritt, Nachbesserung, Minderung). Dagegen würde bei Befolgen des Verschuldensprinzips der Katalog der in die rechtliche Verantwortlichkeit fallenden Rechtsfolgen sich zumindest zum Teil mit dem überschneiden, der im Fall der Nichteinhaltung von Pflichten eintritt, die keine Verantwortlichkeit darstellt. So könnte z. B. Verantwortlichkeit für nicht qualitätsgerechte Leistung Sanktionen wie Schadensersatz, Rücktritt, Nachbesserung etc. erfassen, während im Fall des Nichteintritts der Verantwortlichkeit eben nur die Rechtsfolgen außer dem Schadensersatz gegeben sind. Beide Möglichkeiten sind praktikabel, so daß von den Rechtsfolgen her kaum ein überzeugendes Argument für die Bestimmung der Spezifik der rechtlichen Verantwortlichkeit gegenüber anderen rechtlichen Gewährleistungsmaßnahmen, die an die Nichteinhaltung von Rechtspflichten anknüpfen, gewonnen werden kann.

In den Rechtszweigwissenschaften gibt es weiterhin unterschiedliche Auffassungen über den Zeitpunkt des Eintretens der rechtlichen Verantwortlichkeit – so wird er u. a. bestimmt durch die Begründung eines Rechtsverhältnisses, die Pflichtverletzung, die Aufdeckung bzw. den Nachweis einer Pflichtverletzung (z. B. einer Straftat), den Eintritt der gesetzlich geforderten Voraussetzungen (vgl. z. B. § 252 Abs. 2 AGB), die Geltendmachung der Sanktionen durch den Berechtigten – sowie über die Art und Weise der Realisierung der rechtlichen Verantwortlichkeit, und zwar ob diese über ein eigenständiges Verantwortlichkeits-Rechtsverhältnis oder im Rahmen eines bestehenden Rechtsverhältnisses erfolgt.

Bei der Beantwortung dieser Fragen, die auch für die Rechtssetzung von Bedeutung ist,[19] ist zu unterscheiden

- zwischen der Festlegung der Verantwortlichkeitsregelung in den Rechtsnormen bzw. in Rechtsverhältnissen in Realisierung der durch Rechtsnormen eingeräumten Gestaltungsmöglichkeiten durch die Rechtssubjekte für den Fall einer Rechtsverletzung,
- dem Eintritt der Verantwortlichkeit des Verpflichteten für seine Rechtsverletzung und
- der Geltendmachung bzw. Durchsetzung der Sanktionen durch den Berechtigten.

Zur Erhöhung der Wirksamkeit der Regelung der rechtlichen Verantwortlichkeit, die ebenfalls einer verallgemeinernden rechtstheoretischen Arbeit bedarf, unter sorgfältiger Verwertung auch der Erfahrungen hinsichtlich der Wirkung der Verantwortlichkeitsregelungen in den Kodifikationen der letzten Jahre sowie der Forschungsergebnisse der Rechtszweigwissenschaften, müßten weitere Probleme erörtert werden. Insbesondere sollte Gegenstand der wissenschaftlichen Arbeit sein:

- die die rechtliche Verantwortlichkeit bestimmenden allgemeinen Gesetzmäßigkeiten;
- Probleme der Schuld als Voraussetzung rechtlicher Verantwortlichkeit (insbesondere ihre konkrete Ausgestaltung in den Rechtszweigdisziplinen);
- Einheitlichkeit und Differenziertheit der Verantwortlichkeit im sozialistischen Recht;

- Kriterien für die Messung der Effektivität von Sanktionen;
- Umfang, Möglichkeiten und Grenzen der Verantwortlichkeitsregelung für verantwortungsbewußtes Handeln, Schöpfertum und Risikobereitschaft;
- Überprüfung der Einteilungskriterien der Verantwortlichkeitsregelungen in materielle, disziplinarische und strafende Verantwortlichkeit und Herausarbeitung der Spezifik der Formen der rechtlichen Verantwortlichkeit unter Beachtung der komplexen, zum Teil rechtszweigüberschreitenden Regelung und der neu eingeführten Sanktionen (z. B. Wirtschaftssanktionen);
- das Verhältnis rechtlicher Sanktionen zu ökonomischen und ideologischen Stimuli;
- der akzessorische Charakter der Zielsetzung der Sanktionen im Verhältnis zu der Zielsetzung der organisierenden Normen und Kriterien für die inhaltliche Ausgestaltung der Sanktionen, auch in Abhängigkeit davon, ob ihre Wirkung vorrangig auf den Berechtigten oder auf den Verpflichteten ausgerichtet ist, wann sie z. B. ökonomisch ausgleichenden, kompensierenden, disziplinierenden, strafenden etc. Charakter tragen müssen;
- Entwicklungstendenzen in der inhaltlichen Ausgestaltung der Sanktionen, besonders im LPG-, Umweltschutz- und Wirtschaftsrecht (sind z. B. sogenannte operativ-wirtschaftliche Sanktionen, d. h. Sanktionen des Ersatzes materieller Fonds, Überlassung von Bilanzteilen und Bezugsberechtigungen, Zurverfügungstellen von Arbeitskräften zur Aufholung von Produktionsverlusten, die durch Pflichtverletzung des Partners entstanden sind, zukunftsträchtige Sanktionen, die der einheitlichen gesamtgesellschaftlichen Entwicklung dienlich sind?);
- die Bedeutung der Regelung und der Realisierung der rechtlichen Verantwortlichkeit für die wachsende Rolle des sozialistischen Rechts, insbesondere für die Ausprägung der rechtlichen Verantwortung.

Weitere Faktoren der Erhöhung der Wirksamkeit rechtlicher Verantwortlichkeitsregelungen sind:
- die klare Formulierung der Tatbestände der Rechtspflichtverletzungen;
- die Nutzung der Ensemblewirkung aller Mittel zur Gewährleistung pflichtgemäßen Handels auf das Bewußtsein und Verhalten der Bürger sowohl in der Rechtsetzung, als auch in der Rechtsverwirklichung;
- die Begründung und Realisierung von differenzierten Rechtspflichten, die sich auf die Vorbeugung und Bekämpfung von Rechtsverletzungen beziehen;
- die Rechtskontrolle als wesentlicher Wirksamkeitsfaktor des Rechts und ihr Wechselverhältnis zur Gewährleistung des sozialistischen Rechts und damit auch der rechtlichen Verantwortlichkeit;
- die Bedeutung der Bewegung „Ordnung, Disziplin, Sicherheit" für die Wirksamkeit der rechtlichen Verantwortlichkeit.

Anmerkungen

1 H. Oberländer, Einheitlichkeit und Differenziertheit der Verantwortlichkeit im sozialistischen Recht, in: Staat und Recht, 1/1980, S. 2 ff.

2 Vgl. W. I. Lenin, Werke, Bd. 12, Berlin 1959, S. 492.

3 Vgl. P. E. Nedbailo, Einführung in die allgemeine Theorie des Staates und des Rechts, Berlin 1972, S. 39.

4 „Das Allgemeine existiert nur im Einzelnen, durch das Einzelne. Jedes Einzelne ist (auf die eine oder andere Art) Allgemeines. Jedes Allgemeine ist (ein Teilchen oder eine Seite oder das Wesen) des Einzelnen." W. I. Lenin, Werke, Bd. 38, Berlin 1964, S. 340. Vgl. zum Verhältnis der allgemeinen Staats- und Rechtstheorie zu den Theorien der

Rechtszweigwissenschaften auch T. Schönrath in: Zum Verhältnis allgemeiner Gesetze der sozialistischen Gesellschaft zu den spezifischen Gesetzen der Entwicklung vom sozialistischen Staat und Recht, in: Schriftenreihe Methodologie der marxistisch-leninistischen Rechtswissenschaft, Leipzig 4/1977, S. 139 ff.

5 Vgl. hierzu die im sowjetischen Lehrbuch Marxistisch-leninistische allgemeine Theorie des Staates und des Rechts, Berlin 1976, Bd. 4, S. 373 geübte Kritik.

6 Die Fülle der Literatur zur Problematik der rechtlichen Verantwortlichkeit ermöglicht es nicht, im Rahmen dieses Fußnotenverzeichnisses die Meinungen der Rechtswissenschaftler der DDR und der anderen sozialistischen Länder zu dieser Problematik auszuweisen. Die Autorin benutzt das Fußnotenverzeichnis deshalb vorwiegend zur Komplettierung ihrer Aussagen im Beitrag, indem sie in den Anmerkungen auf eigene Arbeiten verweist, in denen Probleme behandelt sind, die im Beitrag nur angedeutet werden konnten.

7 Im sowjetischen Theorielehrbuch wird der Standpunkt vertreten, daß keine Rechtsverletzung vorliegt, wenn die Schuld fehlt (vgl. a. a. O., Bd. 4, S. 373), und daß der Verursacher schädlicher Folgen ohne schuldhaftes Handeln nicht zur Verantwortung zu ziehen ist (a. a. O., Bd. 4, S. 388).
Im Lehrbuch der DDR hingegen wird die Schuld weder zu einem Wesensmerkmal jeder Rechtsverletzung noch zur Voraussetzung jedes Veranwortlichkeitseintritts erhoben (vgl. Marxistisch-leninistische Staats- und Rechtstheorie, Berlin 1975, S. 497 und S. 504).

8 Vgl. hierzu T. Schönrath, Freiheit und Recht in der sozialistischen Gesellschaft, in: Zur marxistischen Rechtskonzeption, Beiträge zum IVR-Weltkongreß 1979 in Basel, Berlin 1979, S. 80 ff.

9 Auffassungen der Referentin zur Problematik der Verantwortung und rechtlichen Verantwortlichkeit sind vor allem in folgenden Arbeiten enthalten: T. Schönrath, Die Verbindlichkeit des sozialistischen Rechts, Habilitationsschrift, Leipzig 1967, bes. III, 7, S. 129–185; T. Schönrath, Einheit von Rechten und Pflichten in der sozialistischen Gesellschaft, in: Staat und Recht 10/11/1972, S. 1722; T. Schönrath/U. Uhlmann, Zur Spezifik der juristischen Verantwortlichkeit bei der Durchsetzung der objektiven Gesetze in der sozialistischen Gesellschaft, in: Wissenschaftliche Zeitschrift, Karl-Marx-Universität, Gesellschafts- und Sprachwissenschaftliche Reihe, 24. 3/1975, S. 291 ff.; Zur Wirksamkeit rechtlicher Sanktionen bei der weiteren Gestaltung der entwickelten sozialistischen Gesellschaft, Gesamtleitung und Redaktion G. Stiller/T. Schönrath/K.-F. Gruel, Berlin 1978; T. Schönrath, Juristische Rechte und Pflichten und Demokratie im Sozialismus, in: Schriftenreihe Methodologie der marxistisch-leninistischen Rechtswissenschaft, Leipzig 5/1978, S. 33 ff.; T. Schönrath, Verantwortung – Rechte – Pflichten der Abgeordneten, in: Die Tätigkeit der Abgeordneten bei der Verwirklichung der Beschlüsse der örtlichen Volksvertretungen, Karl-Marx-Universität, Leipzig 1979, S. 82–95; T. Schönrath, Zur Rolle der Rechte und Pflichten bei der Organisierung gesellschaftlichen Handelns, in: Objektive Gesetze – Recht – Handeln, Berlin 1979, Kapitel 4, S. 111 ff.; T. Schönrath, Zum Verhältnis von regulierender und schützender Funktion des sozialistischen Rechts und zur Bedeutung der sogenannten Sanktionsnormen im System der Rechtsnormen, in: Funktionelle Charakteristik des Sozialistischen Rechts unter besonderer Berücksichtigung der rechtlichen Regelung der Wirtschaftsverhältnisse, Halle–Wittenberg 1980.

10 Vgl. T. Schönrath/U. Uhlmann, a. a. O., S. 294.

11 Vgl. dazu bes. U. Uhlmann, Zur Funktion der juristischen Sanktionen bei der Gestaltung der entwickelten sozialistischen Gesellschaft in der DDR; Dissertationsschrift, Leipzig 1974.

12 Zur Auffassung der Referentin zu dem Verhältnis von Rechten und Pflichten, enthalten in Rechtsnormen, zu Rechten und Pflichten in rechtlichen nichtnormativen Einzel- oder Kollektiventscheidungen vgl. T. Schönrath, Zum Verhältnis von juristischen Rechten und Pflichten und von Rechtsnormen, juristisch konkrete Rechte und Pflichten und Tätigkeit, in: Schriftenreihe Methodologie der marxistisch-leninistischen Rechtswissenschaft, Leipzig 5/1978, S. 33 ff., S. 151 ff. und T. und W. Schönrath, Rechte und Pflichten im System der marxistisch-leninistischen Rechtswissenschaft, a. a. O., 9/1980.

13 Zur Auffassung der Referentin zur Einheit von Rechten und Pflichten vgl. Angaben in Anm. 8

14 Vgl. zur Problematik des akzessorischen Charakters von sog. „Gewährleistungsnormen" T. Schönrath, Zum Verhältnis von Rechtsnorm und Normativakt, a. a. O., 9/1979.

15 Vgl. Zum Verhältnis Verantwortung–Verantwortlichkeit z. B. R. Bauer, Die Rolle der juristischen Verantwortlichkeit bei der Herausbildung eines rechtsnormgemäßen Handelns der Rechtssubjekte als wesentliche Bedingung der Wahnahme ihrer gesellschaftlichen Verantwortung, Dissertationsschrift A, Berlin 1978.

16 W. Panzer, Die Wirksamkeit der Verantwortlichkeit im Wirtschaftsrecht, in: Die Wirksamkeit des Wirtschaftsrechts, Berlin 1979, S. 262.

17 Ebenda, S. 263.

18 Vgl. G. Pflicke, Zur subjektiven Voraussetzung der Verantwortlichkeit bei Vertragsstrafe und Verantwortlichkeit, in: Wirtschaftsrecht, 2/1980. S. 75 ff.

19 Vgl. z. B. die inhaltliche Ausgestaltung des § 265, § 252 (2) und § 254 des Arbeitsgesetzbuches der DDR.

Elfriede Leymann

Stand und Entwicklungstendenzen der wissenschaftlichen Arbeit zur rechtlichen Verantwortlichkeit im Verwaltungsrecht

In der theoretischen Arbeit auf dem Gebiet des Verwaltungsrechts in der DDR nimmt die rechtliche Verantwortlichkeit zunehmend einen wichtigen Platz ein. Damit wird vor allem der auf dem VIII. Parteitag der SED nachdrücklich gestellten und auf dem IX. Parteitag der SED bekräftigten Forderung entsprochen, in Zusammenhang mit der Hauptentwicklungsrichtung des sozialistischen Staates, der weiteren Vervollkommnung der sozialistischen Demokratie, die Wirksamkeit des sozialistischen Rechts zu erhöhen. In dem hierbei auch angesprochenen Gewährleistungsmechanismus des sozialistischen Rechts bildet die rechtliche Verantwortlichkeit ein wesentliches Element. Die auf den grundsätzlich gleichen Entwicklungsgesetzmäßigkeiten basierende, bereits früher vollzogene Hinwendung zur rechtlichen Verantwortlichkeit in der sowjetischen Verwaltungsrechtswissenschaft unterstreicht die Notwendigkeit dieser Arbeit.[1] Sie wurde in der DDR weiter gefördert und gefordert durch die Diskussion um die rechtliche Verantwortlichkeit im Strafrecht, besonders jedoch im Wirtschafts- und Zivilrecht, sowie durch die rechtstheoretischen Verallgemeinerungen.[2] Schließlich drückt sich in diesen Untersuchungen auch das Verständnis der Eigenständigkeit des Verwaltungsrechts sowie seine Einordnung in das einheitliche sozialistische Rechtssystem aus; das Einstehenmüssen für die Verletzung verwaltungsrechtlicher Pflichten, die staatliche Reaktion hierauf mit verwaltungsrechtlichen Mitteln ist ein unabdingbares Element der Wirksamkeit des sozialistischen Verwaltungsrechts.

Einhellig wird in der verwaltungsrechtlichen Literatur der DDR das Institut der verwaltungsrechtlichen Verantwortlichkeit anerkannt; alle systematischen Darlegungen des Verwaltungsrechts schließen ausdrücklich die rechtliche Verantwortlichkeit ein. Wesentlich übereinstimmend wird die Funktion der verwaltungsrechtlichen Verantwortlichkeit bestimmt; sie besteht

- im Schutz der Leitungstätigkeit des sozialistischen Staates, insbesondere der vollziehend-verfügenden Tätigkeit, der durch sie gestalteten gesellschaftlichen Beziehungen in allen Bereichen einschließlich der Rechte der Bürger;
- in der strikten Realisierung der verwaltungsrechtlichen Rechte und Pflichten durch die Organe des Staatsapparates und ihre Mitarbeiter sowie der verwaltungsrechtlichen Forderungen der Rechtsvorschriften und auf ihrer Grundlage in Akten der Rechtsanwendung;
- in der Mißbilligung der Verletzung verwaltungsrechtlicher Pflichten sowie in der Herstellung des vom Recht geforderten Zustandes;
- in der Erziehung der Pflichtverletzer sowie anderer Mitarbeiter und Bürger zur strikten Einhaltung der Gesetzlichkeit und in der Vorbeugung weiterer verwaltungsrechtlicher und anderer Rechtsverletzungen.

Unterschiede bestehen jedoch in der Bestimmung der verwaltungsrechtlichen Verantwortlichkeit. Gegenwärtig existieren zwei grundsätzliche Positionen:

1. Als Verantwortlichkeit wird begrifflich allein die Verantwortlichkeit von Personen für schuldhaft begangene Ordnungswidrigkeiten erfaßt. Weiter wird eine mate-

rielle verwaltungsrechtliche Verantwortlichkeit und die Staatshaftung – beide ohne Schuldvoraussetzung – sowie die disziplinarische Verantwortlichkeit für schuldhaft begangene Disziplinverstöße durch Mitarbeiter des Staatsapparates unterschieden. Daneben – also außerhalb der Verantwortlichkeit – wird die Existenz sogenannter Verwaltungszwangsmittel als Vollzugshandlungen oder Verwaltungsvollstreckung der vollziehend-verfügenden Organe bejaht, mit denen diese verwaltungsrechtliche Pflichten gegenüber allen Adressaten zwangsweise ohne Schuldvoraussetzung durchsetzen können.[3]

Diese Konzeption der verwaltungsrechtlichen Verantwortlichkeit und der Anwendung der sogenannten Verwaltungszwangsmittel gründet sich maßgeblich auf die in den geltenden Rechtsvorschriften enthaltene Unterscheidung von Ordnungswidrigkeiten und die Möglichkeit der Anwendung solcher administrativer Maßnahmen[4] wie der Ersatzvornahme, des Zwangsgeldes, der Verwahrung und Einziehung, der körperlichen Einwirkung und anderer Maßnahmen, die allein eine objektive Pflichtverletzung oder einen objektiv rechtswidrigen Zustand voraussetzen.[5]

2. Die verwaltungsrechtliche Verantwortlichkeit wird umfassend als das Einstehenmüssen von Bürgern, Betrieben, Einrichtungen, gesellschaftlichen Organisationen sowie staatlichen Organen für verwaltungsrechtliche Pflichtverletzungen bestimmt (umfassende verwaltungsrechtliche Verantwortlichkeit). Die hierauf möglichen verwaltungsrechtlichen Reaktionen bestehen sowohl in der Ordnungsstrafe und den Ordnungsstrafmaßnahmen als auch in den erwähnten administrativen Maßnahmen, die als Sanktionen rechtsherstellenden Charakters begriffen werden. Ein davon unabhängiger Bereich der Anwendung von Verwaltungszwangsmitteln bei Pflichtverletzungen wird abgelehnt. Zur verwaltungsrechtlichen Verantwortlichkeit gehört weiter die an die Schuldvoraussetzung geknüpfte disziplinarische Verantwortlichkeit der Mitarbeiter des Staatsapparates. Ausgehend von den unterschiedlichen Positionen zum Schulderfordernis wird die Staatshaftung als materielle verwaltungsrechtliche Verantwortlichkeit einbezogen oder als selbständige verwaltungsrechtliche Haftung dargestellt.

Übereinstimmung besteht in der Bestimmung verwaltungsrechtlicher Schutz- und Sicherungsmaßnahmen (Verwaltungszwangsmittel), die jedoch nicht an eine Pflichtverletzung geknüpft sind.[6] Eine weitere in sich widersprüchliche Position ist dergestalt erkennbar, daß zwar die umfassende verwaltungsrechtliche Verantwortlichkeit als Einstehenmüssen der Verantwortlichen für Verstöße gegen Normen des Verwaltungsrechts oder für Verletzungen verwaltungsrechtlicher Pflichten, die sich für die Adressaten aus Einzelentscheidungen ergeben, bejaht wird, jedoch im weiteren auch die eigenständige Anwendung verwaltungsrechtlicher Zwangsmittel – offenbar außerhalb bzw. neben der verwaltungsrechtlichen Verantwortlichkeit.[7]

Davon zu unterscheiden ist der Versuch, die Verantwortlichkeit im Verwaltungsrecht vom Charakter der verwaltungsrechtlichen Sanktionen bzw. Zwangsmittel und damit vom System der verwaltungsrechtlichen Reaktionen her zu klären.[8] So notwendig und nützlich die Untersuchung des Charakters der Reaktionen als Element der Verantwortlichkeit ist, so wenig kann sie allein eine tragfähige theoretische Basis für das Institut der Verantwortlichkeit bilden. Bei aller Betonung des untrennbaren Zusammenhangs zwischen der Reaktion und der ihr zugrundeliegenden Pflichtverletzung und der damit möglichen Rückschlüsse von der Reaktion auf die Pflichtverletzung ist die Reaktion doch immer das Sekundäre, das Abgeleitete. Das Primäre bleibt die real existierende Pflichtverletzung, die Handlung. Deshalb kann die Verantwortlichkeit tiefer nur von der Analyse des Wesens, der Ursachen und gesellschaftlichen Folgen der Pflichtverletzungen bzw. Handlungen erfaßt werden.

Ausgehend von diesen differenzierten Auffassungen zur verwaltungsrechtlichen Verantwortlichkeit erscheint es notwendig, sich folgenden Fragen zu widmen:

- Haben neben strafenden Sanktionen im Verwaltungsrecht auch rechtsherstellende Sanktionen Berechtigung?
- Ist ein Bereich der Anwendung von verwaltungsrechtlichen Zwangsmitteln (verwaltungsrechtlicher Vollstreckungshandlungen) neben der Verantwortlichkeit begründet? Mit anderen Worten – was ist das Wesen der Pflichtverletzungen, der Handlungen oder Umstände, die nach den geltenden Rechtsvorschriften die Anwendung verwaltungsrechtlicher Zwangsmittel ermöglichen?
- Welche Schlußfolgerungen leiten sich aus der Zielsetzung der verwaltungsrechtlichen Gestaltung gesellschaftlicher Beziehungen und der staatlichen Reaktion bei ihrer Verletzung für die subjektiven Voraussetzungen der verwaltungsrechtlichen Verantwortlichkeit ab? Ist die Schuld ein unabdingbares Element der verwaltungsrechtlichen Verantwortlichkeit? Wie sind staatliche Reaktionen auf objektiv rechtswidriges Verhalten rechtlich zu charakterisieren?

Zur Funktion des sozialistischen Verwaltungsrechts und des Charakters verwaltungsrechtlicher Sanktionen

Grundlage für diese Untersuchung sind die Funktion des sozialistischen Verwaltungsrechts und die Spezifik der von ihm geregelten gesellschaftlichen Beziehungen, verbunden mit den Erkenntnissen und Erfahrungen der gesamten Rechtswissenschaft zur rechtlichen Verantwortlichkeit, insbesondere deren rechtstheoretische Verallgemeinerung.

Das sozialistische Verwaltungsrecht muß für eine hohe Effektivität der Arbeit der Organe des Staatsapparates und für die Festigung ihrer Beziehungen zu den Bürgern wirksam werden. Es hat vor allem zur besseren Durchführung der gesamtstaatlichen Aufgaben beizutragen und die Übereinstimmung der zweiglichen und territorialen Entwicklung sichern zu helfen, auf eine hohe Qualität der staatlichen Entscheidungen sowie deren exakte Durchführung und Kontrolle hinzuwirken, die sachkundige und effektive Mitwirkung der Werktätigen in allen Phasen des staatlichen Leitungsprozesses zu gewährleisten und die Einhaltung des sozialistischen Rechts sowie von Ordnung und Disziplin zu sichern und zur festen Gewohnheit zu machen.[9]

Das Verwaltungsrecht regelt die gesellschaftlichen Beziehungen, die im Prozeß der vollziehend-verfügenden Tätigkeit gestaltet werden. Seine erzieherische Funktion ist in Einheit mit seiner schöpferisch-organisierenden und der schützenden Funktion für außerordentlich viele und vielgestaltige gesellschaftliche Beziehungen von Bedeutung. Diese dienen zum einen der Verwirklichung materieller, geistig-kultureller, politischer und sozialer Bedürfnisse der Bürger, zum anderen der Gestaltung der Leitung und Planung der Produktion und der Gestaltung der Struktur, Organisation und Arbeitsweise der Organe des Staatsapparates. Für die Erziehung zur bewußten, freiwilligen Erfüllung der Pflichten und die Wahrnehmung der Rechte durch Bürger, Betriebe, Einrichtungen, gesellschaftliche Organisationen und staatliche Organe gilt es, alle dem sozialistischen Verwaltungsrecht innewohnenden Potenzen wirksam zu nutzen in Einheit mit der Vorbeugung und Überwindung von Pflichtverletzungen. Diesem Anliegen muß die verwaltungsrechtliche Verantwortlichkeit entsprechen, die die dialektische Einheit von Überzeugung und Zwang verkörpert.

Hierfür ist notwendig, das Wesen der verwaltungsrechtlichen Pflichtverletzungen tiefer zu erfassen. Sie sind ebenso wie andere Rechtsverletzungen sowohl in Handeln umgesetzte Entscheidungen des Pflichtverletzers als auch deren objektiv in der gesellschaftlichen Realität existierende Resultate in Gestalt eines rechtswidrigen Zustandes, eines gesellschaftlich nicht erwünschten Erfolgs. Um im gegebenen Fall diese Einheit zu erfassen, muß durch das zuständige Organ des Staatsapparates auf diese Pflichtverletzung zweifach reagiert werden können:

- auf das Bewußtsein des Pflichtverletzers mittels der ausdrücklichen Mißbilligung seines Handelns in Gestalt der strafenden Sanktion und auf das gesellschaftliche Resultat, das durch sein Handeln erzielt wurde, mittels der rechtsherstellenden Sanktion;
- mit der Beseitigung des rechtswidrigen Erfolgs (Einziehung des durch die Pflichtverletzung erzielten Mehrerlöses, Ausgleich eines Schadens) oder der Voraussetzung für weitere Pflichtverletzungen (Entzug einer Erlaubnis usw.) oder auch durch die nunmehr zwangsweise Erfüllung der nichteingehaltenen Pflicht (mittels der Ersatzvornahme z. B.) wird auch das gesellschaftlich unerwünschte Ergebnis des Handelns mißbilligt.

In differenzierter Richtung wirken sowohl die strafenden als auch die rechtsherstellenden Sanktionen erzieherisch ein. Aus diesem Grunde gilt die in der sozialistischen Rechtswissenschaft allgemein durchgesetzte Erkenntnis auch in der Verwaltungsrechtswissenschaft, daß Maßnahmen strafenden Charakters als staatliche Reaktion (Sanktion) auf Pflichtverletzungen notwendig ergänzt werden durch Maßnahmen rechtsherstellenden Charakters.[10] Die genannten administrativen Maßnahmen sind in Abhängigkeit von den Handlungsvoraussetzungen solche rechtsherstellenden Sanktionen.

Diese Konzeption enthält bereits das Gesetz über die Bekämpfung von Ordnungswidrigkeiten vom 12. 1. 1968 (OWG).[11] Hier wird erstmals im Verwaltungsrecht die Ersatzvornahme, die Einziehung von Mehrerlös u. a. (§ 6 OWG) als Sanktion rechtsherstellenden Charakters bestimmt. Entsprechend ihrer Wirkungsrichtung kann sie folgerichtig bei derselben Ordnungswidrigkeit neben einer Ordnungsstrafe oder auch allein ausgesprochen werden auf der Grundlage der konkreten ordnungsrechtlichen Bestimmung. Über dieses Verhältnis von strafenden und rechtsherstellenden Sanktionen bestehen jedoch noch Unklarheiten. Das zeigt die Festlegung in der Verordnung über die Staatliche Bauaufsicht vom 22. 3. 1972 – BauaufsichtsVO – GBl. II, Nr. 26, S. 285 (§ 27 Abs. 4) und der Verordnung über den Bau von Eigenheimen vom 31. 8. 1978 – BauwerksVO – GBl. I, Nr. 40, S. 425 (§ 11 Abs. 4), da hier im Widerspruch zur Konzeption des OWG der Ausspruch einer Ordnungsstrafe – der strafenden Sanktion – die Anwendung des Zwangsgeldes – der rechtsherstellenden Sanktion – und damit zugleich die Herstellung des rechtlich geforderten Zustandes ausschließt.[11a]

Das Wesen der Voraussetzungen für die Anwendung sogenannter Verwaltungszwangsmittel in den Rechtsvorschriften

Eine Analyse der Rechtsvorschriften wie z. B. der BauaufsichtsVO, des Gesetzes über den Schutz, die Nutzung und die Instandhaltung der Gewässer und den Schutz vor Hochwassergefahren vom 17. 4. 1963 – Wassergesetz – GBl. I, Nr. 5, S. 77, der Verordnung über die Staatliche Hygieneinspektion vom 11. 12. 1975 – Hygiene – GBl. I, Nr. 2, S. 17 ergibt, daß die Ersatzvornahme, Zwangsgeld und andere sogenannte Verwaltungszwangsmittel oder administrative Maßnahmen auf drei wesensverschiedene und gesellschaftlich unterschiedlich zu bewertende Handlungen bzw. Umstände angewandt werden können:

1. Sie können angewandt werden als Reaktion auf eine schuldhafte oder (gegenüber Institutionen) vorwerfbare rechtswidrige Pflichtverletzung. Das ist in der Regel dann gegeben, wenn der Adressat einer Pflicht, die ihm schriftlich in einer Einzelentscheidung (Verfügung) auferlegt wurde (z. B. die in der schriftlichen Standortgenehmigung erteilte Auflage) nicht erfüllt oder genehmigungspflichtiges Handeln ohne diese Erlaubnis vornimmt (z. B. Bau eines Eigenheimes ohne die Zustimmung des Vorsitzenden des örtlichen Rates). Diese Pflichtverletzung wird faktisch schuldhaft bzw. vorwerfbar verwirklicht. Das liegt auch vor, wenn die Anwendung der administrativen Maßnahmen rechtlich ausdrücklich die Nichterfüllung einer Auflage voraussetzt, mit der die versäumte Pflicht bereits schriftlich angemahnt wurde (z. B. gem. Verordnung über die öffentlichen Straßen vom 22. 8. 1974 – StraßenVO – Gbl. I, Nr. 57, S. 515 (§ 22 Abs. 3); Wassergesetz (§ 44 Abs. 2). Generell gilt das auch für das Zwangsgeld. Es darf aber dann nur festgesetzt und vollstreckt werden, wenn es vorher schriftlich für die Nichterfüllung einer Forderung (BauaufsichtsVO § 27) angedroht wird. Die Anwendung des Zwangsgeldes setzt eine schuldhafte bzw. vorwerfbare Pflichtverletzung voraus. Das ergibt sich aus der rechtlichen Regelung, die die Androhung in einer Auflage vorsieht. Das festgesetzte Zwangsgeld ist jedoch zu erlassen, wenn die Auflagen aus wichtigen Gründen nicht erfüllt werden. Der Kontrollierte muß solche Gründe prüfbar darlegen, Verordnung über die Energiewirtschaft in der DDR vom 9. 9. 1976 – EnergieVO – (§ 27 Abs. 4) GBl. I, Nr. 38, S. 441). Es besteht hier faktisch eine widerlegbare Schuld- bzw. Vorwerfbarkeitsvermutung.
2. Die gleichen administrativen Maßnahmen (außer Zwangsgeld) sind rechtlich anwendbar, um möglichen oder akuten Gefahren oder Beeinträchtigungen des Lebens und der Gesundheit von Menschen, von gesellschaftlichem oder persönlichem Eigentum sowie der öffentlichen Ordnung und Sicherheit zu begegnen, die durch Naturgewalten, Epidemien wie auch durch menschliches Einwirken bei Unfällen, Havarien, Bränden usw. verursacht wurden – z. B. kann der Leiter der zuständigen Staatlichen Hygieneinspektion Sachen, die Ursache für hygienewidrige Zustände oder Infektionsgefahren sind oder sein können, sicherstellen oder die Sicherstellung anordnen, sie vernichten oder die schadlose Beseitigung anordnen (HygVO § 8 Abs. 2 Ziff. 1).

   Die staatliche Reaktion zielt allein auf die Minderung oder Beseitigung der Gefahren oder Beeinträchtigungen ab. Inwieweit eine und welche Pflichtverletzung vorliegt, spielt hier keine Rolle. Es handelt sich folglich nicht um Reaktionen des Staates auf eine Pflichtverletzung und deshalb nicht um eine rechtliche Verantwortlichkeit. Das drückt sich besonders darin aus, daß für die dabei erlittenen materiellen Schäden rechtlich die Entschädigungspflicht des sozialistischen Staates besteht (z. B. § 39 des Gesetzes zur Verhütung und Bekämpfung übertragbarer Krankheiten beim Menschen vom 20. 12. 1965, GBl. I, 1966, Nr. 3, S. 29).

   Zur größeren Klarheit wird deshalb vorgeschlagen, diese Reaktionen des sozialistischen Staates mit administrativen Maßnahmen auch begrifflich zu unterscheiden und als verwaltungsrechtliche Schutz- und Sicherungsmaßnahmen zu fassen.[12]
3. Die genannten administrativen Maßnahmen können schließlich angewandt werden,

wenn durch Handeln von Bürgern, Staats- und Wirtschaftsfunktionären oder auch Betriebskollektiven objektiv rechtswidrig die öffentliche Ordnung und Sicherheit, die Umweltbedingungen im weitesten Sinne, die Sicherung der Versorgung der Bevölkerung und der Industrie usw. beeinträchtigt wurden und hierdurch Mehraufwendungen für die Organe des Staatsapparates oder Nachteile und Schäden für die sozialistische Gesellschaft entstehen bzw. auch mit ökonomischen Vorteilen für den Verletzer (z. B. bei Verschmutzung von Straßen, Grundwasserverunreinigung u. a.) verbunden sind.

Diese Folgen können durch eine Summe von Handlungen verschiedener Mitarbeiter eines Betriebes oder einer Institution verursacht sein (kollektives Handeln), die als Handlung des Einzelnen teils schuldhaft oder teils ohne Verschulden vorliegen kann. Diese schädigenden Folgen können auch zufällig eintreten, obgeich alle für den betrieblichen oder gesellschaftlichen Vorgang erforderliche und mögliche Sorgfalt beachtet wurde. So kann z. B. bei ordnungsgemäßer Beladung und Fahrweise durch starken Wind Schüttgut von einem Fahrzeug herabgeweht werden, kann ein Kraftfahrzeug unvorhersehbar Öl verlieren und dadurch die Straße verschmutzen. Rechtlich wird von dem konkreten Verhalten abstrahiert. Der Bürger, der Betrieb, die Institution haben allein das rechtswidrige Ergebnis ihrer Handlung oder auch der betrieblichen Prozesse (als Summe von Handlungen) zu vertreten, das sowohl aufgrund objektiv rechtswidriger als auch als Resultat einer rechtmäßigen Handlung eintreten kann. Die vorgesehenen administrativen Maßnahmen bewirken, daß der Verantwortliche das von ihm zu vertretende rechtswidrige Ergebnis ganz oder – wenn das aufgrund seines Ausmaßes wie z. B. bei der Grundwasserverunreinigung gar nicht möglich ist – teilweise beseitigt bzw. die materiellen Belastungen hierfür trägt.

Es handelt sich hierbei offensichtlich um eine Art der verwaltungsrechtlichen materiellen Verantwortlichkeit, eine verwaltungsrechtliche Variante des Einstehens für erhöhte Gefahren, die von gesellschaftlichen oder betrieblichen Prozessen ausgehen. Das Ziel dabei ist, entstandene gesellschaftliche Beeinträchtigungen zu beseitigen, künftigen Beeinträchtigungen den Boden zu entziehen und zugleich den Verantwortlichen zu besonderer Aufmerksamkeit, Sorgfalt und Kontrolle der von ihm ausgelösten Prozesse anzuhalten. Selbstverständlich kann das gleiche rechtswidrige Ergebnis auch durch das vorsätzliche oder fahrlässige Handeln eines Bürgers oder eines Mitarbeiters von Institutionen verursacht werden. Da das in der Regel die ordnungsrechtliche Verantwortlichkeit nach sich zieht (vgl. Wassergesetz § 45 Abs. 1 und 2; 3. DVO zum Landeskulturgesetz vom 14. 5. 1970 – LKG – § 16, Gbl. II, Nr. 46, S. 339), kann dies außer Betracht bleiben.

Es ergibt sich, daß diese wesensmäßig sehr differenzierten Voraussetzungen für die Anwendung der administrativen Maßnahmen, die in den geltenden Rechtsvorschriften bestimmt sind, in ihrer einheitlichen Kennzeichnung als Verwaltungszwangsmittel (verwaltungsrechtliche Vollstreckungsmaßnahmen) nicht deutlich werden. Mit dieser Charakterisierung wird vielmehr theoretisch wie praktisch zugelassen, daß schuldhaft begangene Pflichtverletzungen ohne jede rechtliche Verantwortlichkeit bestehen. Damit wird letztlich die Wirksamkeit des sozialistischen Verwaltungsrechts und damit zugleich seine Gewährleistung durch die Organe des Staatsapparates beschränkt. Die Erfüllung der den Organen des Staatsapparates übertragenen politischen, ökonomischen und sozialen Leitungsaufgaben wird wesentlich erschwert.

Aus diesem Grunde erscheint eine inhaltliche Differenzierung der Anwendung der administrativen Maßnahmen, ausgehend von den ihnen zugrundeliegenden Handlungen und Resultaten und ihrer gesellschaftlichen Zielstellung, als notwendig. So sind die Reaktionen des sozialistischen Staates auf schuldhaft bzw. vorwerfbare verwaltungsrechtliche Pflichtverletzungen eindeutig als Maßnahmen der verwaltungsrechtlichen Verantwortlichkeit zu charakterisieren. Gesetzestechnisch könne das darin bestehen, daß einmal das Schulderfordernis bei diesen Pflichtverletzungen rechtlich fixiert und der Nachweis des nicht schuldhaften Handelns durch den Verantwortlichen zugelassen wird. So ist z. B. im § 23 Abs. 3 der StraßenVO dazu folgendes geregelt: „Das Ministerium für Verkehrswesen oder die örtlichen Staatsorgane können die erforderlichen Maßnahmen auf Kosten der Beauflagten durchführen lassen, wenn diese die Auflagen schuldhaft oder unter ungenügender Nutzung ihrer Möglichkeiten nicht erfüllen (Ersatzvornahme). Das Fehlen der Schuld oder die Nutzung seiner Möglichkeiten ist von den Beauflagten nachzuweisen."

Bei einer solchen ausdrücklichen Charakterisierung der schuldhaften Pflichtverletzungen sowie der einheitlichen Ausarbeitung einer materiellen verwaltungsrechtlichen Verantwortlichkeit wäre das Wesen der noch verbleibenden administrativen Maßnahmen als Schutz- und Sicherungsmaßnahmen ohne weiteres deutlich und bedarf keiner besonderen Hervorhebung.

Zur Rolle der Schuld in der verwaltungsrechtlichen Verantwortlichkeit

Die theoretische Diskussion zum Platz des Verschuldensprinzips in der verwaltungsrechtlichen Verantwortlichkeit ist sowohl durch die unterschiedlichen Positionen hierzu in der Rechtstheorie und entsprechend in der Zivil- und Wirtschaftsrechtswissenschaft als auch durch die faktische Rechtslage geprägt. In Übereinstimmung mit den geltenden Rechtsvorschriften wird das subjektive Element (Schuld) als Bestandteil der ordnungsrechtlichen und disziplinarischen Verantwortlichkeit einschränkungslos bejaht. Im weiteren liegt für die Vertreter eines eigenständigen Anwendungsbereichs von Verwaltungszwangsmitteln das Verschuldensprinzip außerhalb der Betrachtung. Bei den Vertretern des umfassenden Begriffs der verwaltungsrechtlichen Verantwortlichkeit bestehen Meinungsverschiedenheiten darüber, ob die objektiv rechtswidrigen oder zufällig zum Schaden führenden Handlungen sowie die Staatshaftung (als materielle verwaltungsrechtliche Verantwortlichkeit) überhaupt als Verantwortlichkeit begriffen werden können. Sie erstrecken sich aber auch darauf, ob die in den geltenden Rechtsvorschriften vorgesehene Anwendung administrativer Maßnahmen auf meist schuldhafte Pflichtverletzungen bereits gegenwärtig als verwaltungsrechtliche Verantwortlichkeit charakterisiert werden kann. Da die Rechtsvorschriften kein Schulderfordernis enthalten, wäre das nur unter Verzicht auf das subjektive Element zur Bestimmung der verwaltungsrechtlichen Verantwortlichkeit möglich.

Das wird einschränkungslos bejaht. Die Grundlage hierfür sind die in der Rechtstheorie, aber auch in der Zivilrechtswissenschaft vertretenen Standpunkte,[13] vor allem aber die Anwendbarkeit der verwaltungsrechtlichen Verantwortlichkeit in Übereinstimmung mit den geltenden Rechtsvorschriften. Das ist vor allem insofern vertretbar, als die Staatspraxis den generellen Verzicht des Gesetzgebers auf das Schulderfordernis faktisch mittels der Anwendungsgrundsätze für die administrativen Maßnahmen weitgehend zu kompensieren vermag. Gegen die in der Regel erforderliche vorherige schriftliche Androhung der administrativen Maßnahmen steht dem Adressaten ein Rechtsmittel zu. Damit kann er nachweisen, daß von ihm nicht schuldhaft seine Pflichten verletzt wurden und er alle ihm zumutbaren Möglichkeiten zur Abwendung des rechtswidrigen Zustandes eingesetzt hat. So kann im nachhinein nunmehr das subjektive Element geprüft werden. Bestätigt sich bei dieser Prüfung des Rechtsmittels, daß er nicht schuldhaft vorwerfbar gehandelt hat, wird in aller Regel von der administrativen Maßnahme abgesehen. Damit wird aber – meist unausgesprochen, weil rechtlich nicht verlangt – die Existenz der verwaltungsrechtlichen Pflichtverletzung und damit der Verantwortlichkeit verneint.

Allerdings kann das nur der erste Schritt sein, um die verwaltungsrechtliche Verantwortlichkeit bereits gegenwärtig einheitlich zu verwirklichen. Es bedarf im weiteren jeweils der ausdrücklichen rechtlichen Festlegung ihrer Voraussetzungen wie auch der verfahrensmäßigen Grundsätze; denn nur durch klare und eindeutige Bestimmungen ist die Wirksamkeit der verwaltungsrechtlichen Verantwortlichkeit zu sichern und zu erhöhen.

Demgegenüber, fordert N. Frank, „muß grundsätzlich auch das subjektive Element, beim Bürger die Schuld, notwendige Voraussetzung für die Anwendung von Maßnahmen der verwaltungsrechtlichen Verantwortlichkeit sein, weil nur dann die staatliche Mißbilligung ... begründet ist." Die Staatshaftung wird deshalb ausdrücklich aus dem Verantwortlichkeitsbegriff ausgesondert und einem neben der Verantwortlichkeit bestehenden Institut der verwaltungsrechtlichen Haftung zugeordnet.[14]

Im Grunde genommen geht es hierbei um die Frage, ob und möglicherweise wie eine materielle verwaltungsrechtliche Verantwortlichkeit zu bestimmen ist. Das bedarf dringend der Diskussion. Dabei muß einmal beachtet werden, daß sich das Verwaltungsrecht bisher vielfach der zivilrechtlich geregelten materiellen Verantwortlichkeit bedient.[15] Da vielfältige verwaltungsrechtliche Pflichten den Betrieben und anderen Institutionen übertragen worden sind, kann deshalb auch nicht außerhalb der Betrachtung bleiben, daß für die Verantwortlichkeit der Betriebe bereits im Zivilrecht, im Arbeitsrecht und im Wirtschaftsrecht ein einheitlicher Maßstab gefunden wurde.[16]

In diesem Zusammenhang muß aber auch die Frage aufgeworfen werden, ob und inwieweit die vielfach bestimmten Entschädigungen des sozialistischen Staates gegenüber Bürgern außerhalb der Staatshaftung bzw. gegenüber Betrieben und anderen Institutionen[17] auch eine Art der materiellen Verantwortlichkeit des sozialistischen Staates sind. Die Vielschichtigkeit der aufgeworfenen Probleme verdeutlicht, daß ihre schrittweise Klärung wesentlich dafür ist, wie wirksam das sozialistische Verwaltungsrecht seine Rolle bei der Gestaltung sozialistischer Gesellschaftsbeziehungen, bei der Erziehung zur Einhaltung der sozialistischen Gesetzlichkeit und bei der Sicherung der den Organen des Staatsapparates gestellten Aufgaben als Bestandteil des einheitlichen sozialistischen Rechts zu bewältigen vermag.

Anmerkungen

1 Vgl. dazu V. M. Manochin, Sowjetisches Verwaltungsrecht, Saratow 1968, S. 188 (russ.); D. N. Bachrach, Die Sowjetgesetzgebung über die verwaltungsrechtliche Verantwortlichkeit, Perm 1969, S. 66 (russ.); I. A. Galparin, Die administrative Verantwortlichkeit in der UdSSR, Woronesch 1970, S. 41 (russ.); O. M. Jakuba, Die verwaltungsrechtliche Verantwortlichkeit, Moskau 1972 (russ.); Verwaltungsrecht, Red. A. E. Lunjew, Moskau 1970, S. 202 ff. (russ.); Sowjetisches Verwaltungsrecht, Red. Ju. M. Koslow, Moskau 1973, S. 234 ff. (russ.); Sowjetisches Verwaltungsrecht, Red. V. M. Manochin, Moskau 1977, S. 227 ff. (russ.); Sowjetisches Verwaltungsrecht, Methoden und Formen der staatlichen Verwaltung, Red. Koslow/Lasarew/Lunjew/Piskotin, Moskau 1977, S. 128 ff. (russ).

2 Vgl. Lehrbuch Marxistisch-leninistische Staats- und Rechtstheorie, Berlin 1975, S. 504 ff. und die hier angegebene Literatur; Lehr- und Studienmaterial zum Wirtschaftsrecht, Allg. Teil, H. 2, Berlin 1972, S. 76 ff.; Wirtschafts- und Außenwirtschaftsrecht, Berlin 1977, S. 160 ff.; W. Panzer, Zur Wirksamkeit der wirtschaftsrechtlichen vertraglichen Verantwortlichkeit, in: Staat und Recht 3/1979, S. 209 ff. und die hier angegebene Literatur;

Grundriß Zivilrecht, H. 8, Berlin 1977. S. 43; E. Espig, Probleme der zivilrechtlichen Verantwortlichkeit, in: Staat und Recht 3/1979, S. 220 ff. und die hier angegebene Literatur.

3 K. Bönninger, Themenreihe Verwaltungsrecht der DDR, 3. Thema/Teil 1, Leipzig 1973, S. 26 f. sowie 3. Thema/Teil 2, Leipzig 1973, S. 15, 40 ff.

4 „Administrative Maßnahmen" wird hier als Sammelbegriff verwandt, der die Anwendung verwaltungsrechtlicher Befugnisse durch Organe des Staatsapparates charakterisiert.

5 Verordnung über die Staatliche Bauaufsicht vom 22. 3. 1972, GBl. II, Nr. 26, S. 285 (BauaufsichtsVO); Verordnung über die Verantwortung der Räte der Gemeinden, Stadtbezirke, Städte und Kreise bei der Errichtung und Veränderung von Bauwerken der Bevölkerung vom 22. 3. 1972, GBl. II, Nr. 26, S. 293 i. d. F. der Verordnung über den Bau von Eigenheimen vom 31. 8. 1978, GBl. I, Nr. 40, S. 425 (BauwerksVO); Verordnung über die öffentliche Straßen-StraßenVO – vom 22. 8. 1974, GBl. I, Nr. 57, S. 515; Dritte Durchführungsverordnung zum Landeskulturgesetz – Sauberhaltung der Städte und Gemeinden und Verwertung von Siedlungsabfällen – vom 14. 5. 1970, GBl. II, Nr. 46, S. 339; Verordnung über die Erhöhung der Verantwortung der Räte der Städte und Gemeinden für Ordnung, Sauberkeit und Hygiene im Territorium vom 19. 2. 1969, GBl. II, Nr. 22, S. 149 (OSHygVO); Verordnung über die Energiewirtschaft in der DDR – EnergieVO – vom 9. 9. 1976, GBl. I, Nr. 38, S. 441; Gesetz über den Schutz, die Nutzung und die Instandhaltung der Gewässer und den Schutz vor Hochwassergefahren – Wassergesetz – vom 17. 4. 1963, GBl. I, Nr. 5, S. 77; Verordnung über die Staatliche Hygieneinspektion vom 11. 12. 1975, GBl. I, 1976, Nr. 2, S. 17 (HygVO).

6 Vgl. G. Tietz, Zu staats- und verwaltungsrechtlichen Problemen der Verantwortlichkeit bei Verletzungen der Bürgerrechte, in: Wissenschaftliche Beiträge der Friedrich-Schiller-Universität Jena, 6. Jenaer Juristentag, Jena 1976, S. 180 u. 182; E. Leymann, Verwaltungsrecht der DDR, Lehrmaterial für das Fernstudium, Berlin 1977, S. 100 ff.; Zur Wirksamkeit rechtlicher Sanktionen bei der weiteren Gestaltung der entwickelten sozialistischen Gesellschaft, G. Stiller/T. Schönrath/I. Gruel, Berlin 1978, S. 119 ff.; N. Frank, Zur verwaltungsrechtlichen Verantwortlichkeit, in: Staat und Recht 3/1979, S. 209 ff.; dgl. Zu den verwaltungsrechtlichen Sanktionen und anderen verwaltungsrechtlichen Maßnahmen zur Gewährleistung der sozialistischen Gesetzlichkeit, in: Staat und Recht 5/1979, S. 445 ff.; als umfassende Verantwortlichkeit verstehen die verwaltungsrechtliche Verantwortlichkeit auch V. M. Manochin, a. a. O., S. 188 und D. N. Bachrach, a. a. O., S. 66.

7 Verwaltungsrecht – Lehrbuch, Berlin 1979, S. 265/266 und 273.

8 Vgl. T. Riemann, Fragen der rechtlichen Verantwortlichkeit und der Reaktion auf Rechtsverletzungen, in: Staat und Recht 6/1977, S. 627.

9 Verwaltungsrecht – Lehrbuch, a. a. O., S. 41/42.

10 Vgl. O. E. Leist, Die Sanktionen im sowjetischen Recht, Moskau 1972, S. 102 ff. (russ.)

11 Gesetz zur Bekämpfung von Ordnungswidrigkeiten – OWG – vom 12. 1. 1968, GBl. I, Nr. 3, S. 101 i. d. F. des Divisengesetzes vom 19. 12. 1973, GBl. I, Nr. 58, S. 574, des Gesetzes zur Änderung des StGB, des Anpassungsgesetzes und des OWG vom 19. 12. 1974, GBl. I, Nr. 64, S. 591 und des Gesetzes zur Änderung und Ergänzung straf- und strafverfahrensrechtlicher Bestimmungen und des Gesetzes zur Bekämpfung von Ordnungswidrigkeiten (3. Strafrechtsänderungsgesetz) vom 28. 6. 1979, GBl. I, Nr. 17, S. 139.

11a Mit der Neufassung der Bauaufsichts VO vom 30. 7. 1981 GBl. I Nr. 26 S. 313 wurde dies korrigiert.

12 N. Frank, Zu den Verwaltungsrechtlichen Sanktionen und anderen vrewaltungsrechtlichen Maßnahmen zur Gewährleistung der sozialistischen Gesetzlichkeit, in: Staat und Recht 5/1979, S. 450.

13 Vgl. Lehrbuch Marxistisch-leninistische Staats- und Rechtstheorie, a. a. O., S. 504 u. S. 506; Grundriß Zivilrecht, H. 8, a. a. O., S. 43 ff.

14 N. Frank, a. a. O., S. 450 ff.

15 Z. B. 1. DVO zum Landeskulturgesetz – Schutz und Pflege der Pflanzen- und Tierwelt und der landschaftlichen Schönheiten – Naturschutzverordnung – vom 14. 5. 1970, GBl. II, Nr. 46, S. 331, § 20; StraßenVO, § 23, Abs. 3.

16 Vgl. § 334 in Verbindung mit § 93 ZGB; § 270, Abs. 1, AGB; § 82, Abs 1, Vertragsgesetz u. G. Pflicke, Der einheitliche Maßstab der Verantwortlichkeit der Betriebe im Wirtschafts-, Zivil- und Arbeitsrecht und seine Anwendung, in: Wissenschaftliche Beiträge der Friedrich-Schiller-Universität Jena, Jena 1980, a. a. O., S. 110 ff.

17 Vgl. Verwaltungsrecht – Lehrbuch, a. a. O., S. 280 ff.

Gerhard Pflicke

Einheitliche und differenzierungsbedürftige Faktoren der Verantwortlichkeit im sozialistischen Recht aus der Sicht des Wirtschaftsrechts

Es gibt wenig Bereiche, in denen die Spezifik des Rechts so offen liegt, wie in dem der Verantwortlichkeit. Daher stößt eine zweigübergreifende Diskussion von Fragen der Verantwortlichkeit auf das Interesse der Rechtswissenschaftler wohl jeder Rechtszweigdisziplin. Die von T. Schönrath aufgeworfenen Fragen und vertretenen Auffassungen machen den Problemreichtum deutlich, sie fordern zur Stellungnahme und zum Meinungsstreit heraus. Bei der Herausarbeitung gemeinsamer Grundzüge und notwendiger Unterschiede in der Gestaltung der Verantwortlichkeit und ihrer objektiven Grundlagen brauchen wir Enthusiasmus und Nüchternheit gleichermaßen.

Einmütigkeit besteht darüber, daß die rechtliche Verantwortlichkeit ein bedeutendes Instrument der staatlichen Gewährleistung des Rechts ist. Sie ist mit dieser jedoch nicht identisch. Ihre gesellschaftliche Wirksamkeit wird nicht bestimmt durch den Umfang ihrer Anwendung und die Intensität der Sanktionen – diese sind Mittel zum Zweck –, sondern dadurch, wie sie dazu beiträgt, die gesellschaftliche Praxis progressiv zu verändern, die Ursachen von Rechtsverletzungen aufzudecken und zu beseitigen, Störungen in den rechtlich geregelten gesellschaftlichen Beziehungen künftig auszuschließen oder zu verringern.

Auch eine höhere Wirksamkeit der wirtschaftlichen Verantwortlichkeit[1] hilft bessere Voraussetzungen für die notwendige Steigerung der wirtschaftlichen Leistungsfähigkeit mit allen ihren wirtschaftlichen und gesellschaftlichen Wirkungen zu schaffen. Dies um so mehr, als sich durch die weiter wachsende Verflechtung der Wirtschaftsrechtsverhältnisse nicht nur die gesellschaftliche Bedeutung der Rechte und Pflichten des einzelnen Wirtschaftsrechtsverhältnisses erhöht, sondern auch die weniger erfreuliche wirtschaftliche und gesellschaftliche Wirkung und Fernwirkung ihrer Nichterfüllung oder nicht ordnungsgemäßen Erfüllung.

Dabei ist nicht übersehen, daß die Wirksamkeit der wirtschaftsrechtlichen Verantwortlichkeit, die notwendigerweise eine materielle Verantwortlichkeit ist, nicht nur von der Qualität ihrer eigenen Regelung und Anwendung abhängt, sondern wesentlich von der Gestaltung und Verwirklichung des Gesamtsystems der Leitung und Planung, der wirtschaftlichen Rechnungsführung, der Leistungsbewertung und der ökonomischen Stimulierung, in dem sie – bildlich gesprochen – ein gewiß nicht entscheidendes, aber unerläßliches „Instrument im Orchester" ist.

Eine wesentliche Vorbedingung für die gesellschaftliche Wirkung wirtschaftsrechtlicher materieller Verantwortlichkeit ist schon größere Konsequenz und Qualität bei der Festlegung der Pflichten und beim Einsatz aller Mittel positiver Stimulierung, die auf ihre allseitige zuverlässige Erfüllung gerichtet sind.

Die aufgeworfene Frage nach der Abgrenzung der Verantwortlichkeit innerhalb der Mittel zur Gewährleistung des Rechts und nach dem Kriterium dafür konfrontiert uns im Wirtschaftsrecht zunächst nachhaltig mit dem weitergehenden Problem, daß die spezifisch rechtlichen Mittel der Wirtschaftsleitung vielfältig verbunden sind und im Ensemble der das Handeln in bezug auf Ziele, Voraussetzungen und Motivierung beeinflussenden Faktoren wirken. Im Wirtschaftsrecht stoßen Überlegungen zur materiellen Verantwortlichkeit folglich schnell auf die Stimulierung des Handelns der Wirtschaftsrechtssubjekte und damit auf die Gestaltung des Verhältnisses von Aufgabenstellung und tatsächlicher Leistung, von Leistungsbewertung und ihrer Auswirkung auf die kollektive und individuelle materielle Interessierung. Die materielle Verantwortlichkeit kann nicht daneben materielle Wirkungen entfalten, sie muß in diesen Mechanismus integriert sein.

Aber auch wenn wir nur die rechtlichen Mittel der Gewährleistung betrachten, sind aus der Sicht des Wirtschaftsrechts Bedenken gegen die geäußerte Feststellung anzumelden, daß die rechtliche Verantwortlichkeit dadurch gekennzeichnet sei, daß es sich um die Reaktion auf schwerwiegendes Fehlverhalten handle und infolgedessen auch um das Gewährleistungsmittel, das am härtesten auf den Rechtsverletzer einwirkt. Es wird nicht in Zweifel gezogen, daß die rechtliche Verantwortlichkeit eine unerläßliche Reaktion gerade dann ist, wenn ein schwerwiegendes Zurückbleiben hinter rechtlich fixierten gesellschaftlichen Verhaltensanforderungen vorliegt. Das ist jedoch eine ganz andere Frage als die, ob die Reaktion auf schwerwiegendes Fehlverhalten das entscheidende Kriterium sei, das die Verantwortlichkeit von anderen Mitteln der Gewährleistung des Rechts unterscheidet. In mehrfacher Weise würden dadurch wesentliche Aufgaben des Wirtschaftsrechts nicht zutreffend erfaßt. Eine schwerwiegende Pflichtverletzung kann z. B. die Verweigerung eines Vertragsabschlusses infolge ungenügender Ausschöpfung des Leistungsvermögens der Wirtschaftseinheit sein. Die rechtliche Reaktion hierauf ist aber nicht die Verantwortlichkeit, sondern die Verpflichtung zum Vertragsabschluß im Vertragsgestaltungsverfahren. Andererseits bedarf es im Wirtschaftsrecht der materiellen Verantwortlichkeit in beträchtlichem Maße auch bei weniger schwerwiegenden Rechtsverletzungen, z. B. bei der Reaktion auf Verzug mit Verzugsvertragsstrafen, auch wenn dieser nicht besonders lange anhält, um mit diesen angemessenen Rechtsfolgen zur Aufdeckung und Überwindung der Ursachen beizutragen und beim Vertragspartner regelmäßig eintretende Nachteile auszugleichen.

Dagegen trifft die vorgenommene Verallgemeinerung, nach der eine Pflichtverletzung den Ansatzpunkt rechtlicher Verantwortlichkeit bildet, auch für das Wirtschaftsrecht zu. Bezüglich dieses Kriteriums ist die Einheitlichkeit über die Rechtszweige hinweg wahrscheinlich am größten. Dennoch muß das dahin eingeschränkt werden, daß dies in der Regel gilt. Hier bestehen nämlich wichtige Ausnahmen, weniger im Wirtschaftsrecht, als im Zivil- und Arbeitsrecht. Das betrifft die erweiterte zivilrechtliche Verantwortlichkeit aus Quellen erhöhter Gefahr (§§ 343 ff. ZGB). Hier ist die Ursächlichkeit der spezifischen Gefahr für den Schaden entscheidend – nicht stets eine Pflichtverletzung. Des weiteren die Schadenersatzverpflichtung der Betriebe bei Arbeitsunfall (§§ 277 ff. AGB), für die ebenfalls nicht eine Pflichtverletzung Voraussetzung ist, sondern die Verletzung eines Werktätigen im Zusammenhang mit dem Arbeitsprozeß genügt. Im Arbeitsgesetzbuch ist wohl nicht zuletzt wegen der umstrittenen Kriterien des Verantwortlichkeitsbegriffes das 14. Kapitel mit „Schadenersatzleistung des Betriebes" und nicht mit „arbeitsrechtliche Verantwortlichkeit des Betriebes" überschrieben worden.

Damit soll nicht im Vordergrund stehen, diese Fälle der Verantwortlichkeit für die objektive Nichtbeherrschung eines Verantwortungsbereiches aus der Verantwortlichkeit auszuklammern. Im Gegenteil, es handelt sich hier keineswegs schlechthin um Fälle von Risikohaftung, insbesondere bei der Verantwortlichkeit für Quellen erhöhter Gefahr zielen diese Konsequenzen auf erhöhte Fürsorge, weil es sich um Objekte mit der spezifischen Eigenschaft erhöhter Betriebsgefahr handelt. In der überwiegenden Zahl solcher Schadensfälle liegt der Verantwortlichkeit zudem ein subjektives Fehlverhalten beim Umgang mit Quellen erhöhter Gefahr zugrunde[2], aber weder dessen Vorliegen noch dessen Feststellung sind Bedingung für die Geltendmachung der materiellen Verantwortlichkeit.

Bei einer Verallgemeinerung ist zu berücksichtigen, daß die Verantwortlichkeit an die Verletzung von Pflichten unterschiedlicher Art anknüpft. Eine wirtschaftsrechtliche Verantwortlichkeit für die Verletzung jeglicher wirtschaftsrechtlicher Pflicht kann es nicht geben. Die Verantwortlichkeit muß an definierbare und praktikabel definierte und in dieser Abgrenzung konkretisierte Pflichten anknüpfen.

Im Wirtschaftsrecht, aber ebenso im Arbeitsrecht und überwiegend auch im Zivilrecht, ist der Hauptanknüpfungspunkt, daß Rechtsverhältnisse mit einem System von subjektiven Rechten und Pflichten der daran Beteiligten existieren, zwischen denen ein spezifisches Wechselverhältnis besteht (z. B. funktionelles Synallagma bei Lieferverhältnissen). Struktur und Inhalt dieser Rechte und Pflichten sind so angelegt, daß die Beteiligten aufeinanderein- und zusammenwirken, um jene Ziele zu erreichen, denen dieses Rechtsverhältnis und seine Regelung dient. Die Gestaltung und Entwicklung des Wechselverhältnisses dieser Rechte und Pflichten insgesamt, insbesondere zwischen Leistung und Gegenleistung in quantitativer und qualitativer Sicht, dient der Sicherung ihrer Realisierung, und nicht nur der Verantwortlichkeit. Demzufolge enthält das Gesetz ein Modell dieser Wirtschaftsrechtsverhältnisse, z. B. das Vertragsgesetz der Arten und Typen der Wirtschaftsvertragsverhältnisse, ihrer Rechte- und Pflichtenstrukturen und der Wechselbeziehungen zwischen diesen Rechten und Pflichten, einschließlich der Rechtsfolgen von Pflichtverletzungen, das in erheblichem Maße zwingend, zum Teil aber auch dispositiv ist. Die Verantwortlichkeit ist prinzipiell nicht zur Disposition gestellt, sie ist im Gesetz schon differenziert ausgestaltet mit relativ geringem Dispositionsspielraum für die Vereinbarung von Tatbeständen oder Rechtsfolgen. Einen relativ großen Bereich eigenverantwortlicher Entscheidung haben die Partner jedoch bei der Geltendmachung der Verantwortlichkeit.

Aus dem Zusammenhang zwischen dem zugrundeliegenden Wirtschaftsrechtsverhältnis und der wirtschaftsrechtlichen Verantwortlichkeit ergibt sich auch, daß die Geltendmachung der Verantwortlichkeit durch den anderen Beteiligten des Wirtschaftsrechtsverhältnisses erfolgt. Indem dieser auf die Rechtsverletzung reagiert, sichert er nicht nur seine Rechte und nimmt damit seine Interessen wahr, sondern realisiert gesellschaftlich notwendige Reaktion auf Rechtsverletzungen, setzt gesellschaftliche Interessen durch. Darin erschöpfen sich jedoch die Konsequenzen aus dem Bezug zu dem zugrundeliegenden Rechtsverhältnis nicht. Viel weitergehender ist die Spezifik hier dadurch geprägt, daß dem anderen Beteiligten des Rechtsverhältnisses durch die Pflichtverletzung in aller Regel Nachteile entstehen. Die materielle Verantwortlichkeit hat deshalb eine Doppelfunktion, durch ihre Anwendung soll der Pflichtverletzer erzogen und gleichzeitig sollen die Nachteile in spezifischer Weise ausgeglichen werden. Andere Funktionen wie die Signalisierung von Störungen im Ablauf wirtschaftlicher Beziehungen können hier vernachlässigt werden.

Diese Doppelfunktion kann die materielle Verantwortlichkeit freilich nur erfüllen, wenn sie im konkreten Fall bejaht wird. Über die nachteiligen Folgen wird jedoch – wenn auch nicht ausdrücklich – auch in den Fällen entschieden, in denen es insbesondere wegen fehlender Vorwerfbarkeit der Pflichtverletzung nicht zur Verantwortlichkeit kommt. Sie bleiben dann nämlich dort, wo sie sich lokalisiert haben, bei dem Partner, bei dem sie als Folge der Pflichtverletzung entstanden sind. Dies ist einer der Gründe dafür, daß die wirtschaftsrechtliche Regelung für einen wesentlichen Teil der Fälle die Vorwerfbarkeit der Pflichtverletzung voraussetzt – diese allerdings vermutet – für andere Fälle dagegen die Verantwortlichkeit ohne Prüfung der Vorwerfbarkeit der Pflichtverletzung eintreten läßt. Die Verknüpfung von erzieherischer und schadensausgleichender Wirkung der wirtschaftsrechtlichen materiellen Verantwortlichkeit ist bei den durch Wirtschaftsvertrag begründeten und gestalteten Wirtschaftsrechtsverhältnissen offengelegt und auch allgemein bekannt und anerkannt. Dabei werden hier die Probleme vernachlässigt, die aus der Anwendung der Vertragsstrafe als pauschalisierten Mindestschadenersatz und der damit verbunden Bandbreite möglicher Abweichungen vom tatsächlich eingetretenen Schaden im konkreten Fall resultieren.

Auch in den vertikalen Beziehungen gibt es Fälle, in denen in modifizierter Form Erziehungs- und Ausgleichsfunktionen zumindestens teilweise zusammenfallen, z. B. wenn wegen ungerechtfertigter Bedarfsanmeldungen Wirtschaftssanktionen an nach der wirtschaftlichen Rechnungsführung arbeitende bilanzierende Organe zu zahlen sind, die diese zu 50% ihrem Reservefonds zuführen, während die weiteren 50% an den Staatshaushalt abzuführen sind (§ 34 Bilanzierungs VO).

Anders steht das Problem jedoch bei der Verantwortlichkeit für Verletzung wirtschaftsrechtlicher Pflichten unmittelbar gegenüber dem sozialistischen Staat. Hier geht es zunächst darum, welche Pflichtverletzungen spezifische Sanktionen auslösen. Es gibt auch hier konkrete Pflichten mit entsprechend konkreten Rechtsfolgen, z. B. die Pflicht zur Gewinnabführung bzw. zur Abführung anderer Abgaben und die Verzugszuschläge bei nicht rechtzeitiger Erfüllung dieser Pflichten. Bei den Wirtschaftssanktionen dagegen dominiert nur die Erziehungsfunktion. Sie werden zugunsten des Staatshaushaltes eingezogen. Daran ändert sich auch dadurch nichts, daß in einigen Fällen die die Wirtschaftssanktionen einziehenden Organe gleichzeitig verpflichtet sind, aus ihrem Reservefonds Nachteile bei den betroffenen Wirtschaftseinheiten auszugleichen. So z. B., wenn die Wirtschaftssanktion eine Reaktion auf Bevorteilung des eigenen Verantwortungsbereichs durch das bilanzierende Organ ist und durch die Änderung oder Aufhebung der Bilanzentscheidung die Nachteile nicht mehr zu beheben sind (§ 33 BilanzierungsVO). Für die Wirtschaftssanktionen bedarf es selektierter und klar begrenzter Tatbestände in der gesetzlichen Regelung.

Die zu begrüßenden Verallgemeinerungsbestrebungen zur rechtlichen Verantwortlichkeit stoßen sehr schnell auf Grenzen, wenn das Vorliegen und die Feststellung einer schuldhaften bzw. vorwerfbaren Pflichtverletzung zur notwendigen Bedingung jeglicher rechtlichen Verantwortlichkeit gemacht wird. T. Schönrath vertritt diesen Standpunkt.[3] Er schließt die Möglichkeit aus, Vorwerfbarkeit im Sinne des § 82, Abs. 1, Vertragsgesetz zu vermuten, verlangt deren Feststellung in jedem Falle. Es versteht sich, daß nach ihm erst recht Lösungen ausgeschlossen sind, nach denen die Verantwortlichkeit in bestimmten Fällen ohne Rücksicht auf Vorwerfbarkeit der Pflichtverletzung eintritt.

Aus dem Blickwinkel der Bedeutung der Vorwerfbarkeit für die politisch-ideologische und moralisch-ethische Wirkung rechtlicher Verantwortung ist dies zweifellos die am vollkommensten erscheinende. Die Durchsetzung des davon abgeleiteten Grundsatzes – keine Verantwortlichkeit ohne Verschulden bzw. Vorwerfbarkeit – ist auch die theoretisch sauberste Lösung. Aus ihr ergibt sich aber nicht ohne weiteres die Gewißheit größter Wirksamkeit der Verantwortlichkeit in der Praxis. Es muß zugleich die Frage beantwortet werden, wie eine solche subjektive Voraussetzung so praktikabel und handhabbar zu machen ist, daß die Verantwortlichkeit in den Fällen, in denen Vorwerfbarkeit vorliegt, in aller Regel auch realisiert wird. Immerhin würde die genannte Konzeption ja auch im Wirtschaftsrecht erfordern, daß das Verhalten in jedem Anwendungsfalle auch tatsächlich bewertet und Vorwerfbarkeit festgestellt wird. Dies wirft sofort die Frage auf, durch wen, und auch, was dann geschieht, wenn Zweifel bleiben, vor allem in der Beweislage, durch das Staatliche Vertragsgericht in jedem Falle oder durch den Partner.

Jedenfalls wäre es wohl nach einer solchen Konzeption keine zulässige Variante der Anwendung einer subjektiven Voraussetzung, wenn die ihre Pflichten verletzende Wirtschaftseinheit keine Aktivitäten zur Entlastung ergreift, sei es, daß sie die Pflichtverletzung durch eigene Anstrengungen für abwendbar hält, sei es, daß nach Abwägung von Aufwand und möglichem Ergebnis der notwendigen Beweisführung der Bewertungsmaßstab nicht konkret angelegt wird, obwohl dies nach dem Gesetz möglich wäre.

Es ist konsequent, wenn T. Schönrath auch die widerlegbare Vermutung der Vorwerfbarkeit im § 82 VG (und damit im Ergebnis auch in § 334 ZGB und § 270 Abs. 2 AGB) für nicht vertretbar hält.[4] Sie prüft freilich nicht, wie unter solchen Prämissen die Verantwortlichkeit in den Wirtschaftsrechtsverhältnissen in der erforderlichen Breite und Intensität gesichert werden kann, denn hier ist in der Regel der verpflichtete Betrieb der einzige, der rasch, zutreffend und mit vertretbarem Aufwand feststellen und darlegen kann, welche Umstände zu diesem Ergebnis führten.

Wer solche Einwände gegen die Forderung erhebt, Vorwerfbarkeit müsse im Interesse der erzieherischen Wirkung der Verantwortlichkeit in jedem Falle gefordert und geprüft werden, gerät rasch in den Verdacht, die Bedeutung einer solchen subjektiven Voraussetzung und damit die politisch-ideologischen und moralisch-ethischen Faktoren ihrer Wirkung gering zu schätzen. Auch der Verfasser dieses Beitrages muß das in Kauf nehmen, obwohl es ihm gerade um die Ausnutzung der Vorzüge einer solchen subjektiven Voraussetzung ging[5] und geht, aber eben praktikabel gestaltet für Wirtschaftseinheiten und nicht für Bürger bzw. Werktätige. Ich habe mich in Hinblick auf die bevorstehende Neufassung des Vertragsgesetzes bereits mit dem Problem befaßt[6] und dabei unter Berücksichtigung der gewachsenen Anforderungen an die Wirtschaftstätigkeit vor allem der Kombinate als große Wirtschaftseinheiten die Eignung der im Vertragsgesetz von 1965 gefundenen Systemlösung der Verantwortlichkeit aus Wirtschaftsverträgen, in der die subjektive Voraussetzung – allerdings vermutet ausgestaltet – einen hohen Rang hat, bejaht und damit eine Regelung mit der von T. Schönrath geforderten Konsequenz abgelehnt.

Es versteht sich, daß es dabei nicht darum geht, sich auf die Autorität des geltenden Rechts zu berufen, darauf, daß der Gesetzgeber im Vertragsgesetz und im Zivilgesetzbuch anders entschieden habe und mithin die These „Keine Verantwortlichkeit ohne festgestellte Vorwerfbarkeit in jedem Anwendungsfalle" im Widerspruch zum geltenden Recht stehe. In dem auf die Weiterentwicklung des sozialistischen Rechts und seiner Anwendung gerichteten wissenschaftlichen Meinungsstreit muß vielmehr auch eine geltende Regelung in Zweifel gezogen werden können. Der Verfasser folgte vielmehr nach erneuter Prüfung vor allem der aus der Weiterentwicklung der Wirtschaftstätigkeit und ihrer Leitung folgenden Aspekte seiner im Prozeß der Vorbereitung des Vertragsgesetzes von 1965 gewonnenen Erkenntnis und Überzeugung, daß es gerade für die Nutzung der Vorzüge einer subjektiven Voraussetzung im Wirtschaftsrecht einer spezifischen Art und Weise und einer Differenzierung ihrer Anwendung bedarf, die den Bedingungen und Erfordernissen der ihr zugrundeliegenden gesellschaftlichen Verhältnisse entspricht.

Die extreme Variante „keine Verantwortlichkeit ohne festgestellte Vorwerfbarkeit" bestícht den Juristen sicher in ihrer Konsequenz und Einfachheit, sie trägt aber sicherlich den komplizierten Bedingungen des Wirtschaftslebens nicht genügend Rechnung. Es ist übrigens interessant, wie sich die Fronten im Meinungsstreit um diese Frage verändert haben. Die spezifische Lösung einer subjektiven Voraussetzung auch für die Verantwortlichkeit aus Wirtschaftsverträgen entstand bekanntlich gerade in der Auseinandersetzung mit der anderen extremen Auffassung und zum Teil auch Praxis, daß nämlich die Verantwortlichkeit generell ohne Rücksicht auf Vorwerfbarkeit der Pflichtverletzung das den Wirtschaftsbeziehungen angemessene Prinzip sei.[7] Jetzt dagegen wird die auf die Eigenart dieser Beziehungen ausgerichtete differenzierte Regelung angegriffen, in der die subjektive Voraussetzung einen bedeutenden Platz einnimmt. Es ist daher erforderlich, auf einige ihrer Grundlagen und Grundzüge erneut einzugehen.

Die Regelung der subjektiven Voraussetzung wirtschaftsrechtlicher Verantwortlichkeit muß der Spezifik der Wirtschaftsrechtsverhältnisse gerecht werden. Das gilt insbesondere für die Eigenart der daran beteiligten kollektiven Rechtssubjekte. So ergibt sich in der Regel aus dem bestehenden Zusammenhang von Pflichtverletzungen durch den einen und dem Eintritt ökonomischer Nachteile als deren Folge beim anderen Partner die Notwendigkeit, auf eine relativ große Zahl von Rechtsverletzungen unterschiedlicher Art und Folgen rasch und mit vertretbarem Aufwand zu reagieren. Das erfordert erstens eine eigenständige Lösung der subjektiven Zurechenbarkeit von Rechtsverletzungen für sozialistische Wirtschaftseinheiten, zweitens deren differenzierte Anwendung und drittens eine spezifische Art und Weise ihrer Prüfung im konkreten Fall.

In der Gesetzgebung der DDR existiert eine bewährte und mittlerweile für drei Rechtszweige einheitliche Regelung dieser subjektiven Voraussetzung. Trotzdem hält die Diskussion über diese Rechtsprobleme an. Das ist gewiß auch dem internationalen Aspekt des Problems geschuldet. Der tiefere Grund liegt sicher darin, daß in den Verallgemeinerungsbemühungen – bewußt oder unbewußt – die durch die subjektive Voraussetzung der Verantwortlichkeit von Bürgern bzw. Werktätigen geprägten Erkenntnisse das Denken bestimmen. Es wird versucht, die Problemlösung für diese kollektiven Rechtssubjekte unter Modifizierungen in dieses System einzuordnen. Wir haben es aber mit einer gesellschaftlichen Erscheinung neuer Qualität zu tun, deren Bedeutung bestimmt ist durch die Rolle dieser kollektiven Rechtssubjekte auf dem entscheidenden Feld sozialistischer Gesellschaftsgestaltung. Bei der in Gang gekommenen Aufarbeitung dieser Entwicklung in der rechtstheoretischen Verallgemeinerung der Verantwortlichkeitsproblematik muß dies bei allen Fragen von vornherein, schon beim Lösungsansatz berücksichtigt werden.

Das erfordert zuerst, ohne Vorbehalte davon auszugehen, daß die innerhalb des sozialistischen Gesamtarbeiters agierenden Kombinate, Betriebe und anderen Wirtschaftseinheiten sozialistische Rechtssubjekte eigener Art sind. Das charakterisiert ihre subjektiven Rechte und Pflichten, vor allem in den Wirtschaftsrechtsverhältnissen. Bei der rechtlichen Verantwortlichkeit geht es daher um den Schutz ihrer Rechte und die Durchsetzung ihrer Pflichten, also um die Reaktion auf konkrete Verletzungen solcher Rechte und Pflichten.

Sie sind kollektive Rechtssubjekte, die nur durch ihre Werktätigen bzw. Leiter handeln können. Es geht dabei aber um das Handeln dieser Rechtssubjekte als Ganzes im gesellschaftlich arbeitsteiligen Prozeß der Leitung und Durchführung der Wirtschaftstätigkeit. Die Pflichtverletzung ist das Ergebnis von Handeln in dieser Ganzheit. Bei der materiellen Verantwortlichkeit geht es demzufolge um die Übertragung nachteiliger Folgen dieses Handelns auf den Pflichtverletzer und – wenn dies gefordert wird – um die Bewertung des Handelns solcher Rechtssubjekte im Ganzen. Das läßt keinen Raum für eine Auffassung, nach der es hier um die Summe individuell feststellbaren bzw. festgestellten schuldhaften Handelns einzelner Werktätiger und Leiter geht, also nur um individuell vorwerfbare Pflichtverletzungen, für die das Wirtschaftssubjekt einzustehen hat. Diese Auffassung wird auch kaum noch vertreten und bei der Größe der heute existierenden Wirtschaftseinheiten ist sie ohnehin in der Praxis nicht realisierbar.

Wenn ein solcher notwendiger Zusammenhang zwischen individuell schuldhaftem Handeln von Angehörigen des Kollektivs und Vorwerfbarkeit der Pflichtverletzung gegenüber der Wirtschaftseinheit verneint wird, so wegen der Realität der wirtschaftlichen Tätigkeit der mit modernen Technik ihre Aufgaben lösenden sozialistischen Wirtschaftseinheiten, deren Leistungsvermögen ungleich größer ist als die bloße Summe individueller Tätigkeiten. Die Realisierung ihrer Rechte und Pflichten ist das Ergebnis der planmäßigen, initiativreichen kooperativen Arbeit des Kollektivs und seiner Leitung. Von hier aus sind die Möglichkeiten und Maßstäbe einer Bewertung dieser Anstrengungen des Kollektivs auch bei Pflichtverletzungen ebenso zu bestimmen wie die Art und Weise der Anwendung rechtlicher Verantwortlichkeit gegenüber solchen kollektiven Rechtssubjekten

Daraus ergibt sich zunächst – und dies sei schon hier hervorgehoben – daß die wirtschaftsrechtliche Verantwortlichkeit ihre gesellschaftliche Funktion noch nicht erfüllt hat, wenn sie geltendgemacht ist und z. B. die Garantieforderungen erfüllt oder die Vertragsstrafe und der Schadenersatz gezahlt sind. Notwendig ist vielmehr das Aufdecken der Ursachen der Pflichtverletzung und wirksamer Maßnahmen zu ihrer Bekämpfung. Das verlangt auch die Auseinandersetzung mit dem Handeln einzelner Werktätiger und Leiter und die Ableitung von Konsequenzen sowohl zu deren Erziehung als auch von Maßnahmen zur Beseitigung anderer Ursachen. Die wirtschaftsrechtliche Verantwortlichkeit muß dies motivieren und auslösen, hängt aber ebenwie erwähnt – von der Feststellung individueller Pflichtverletzungen oder deren schuldhafter Verursachung durch einzelne Kollektivmitglieder nicht ab.

Hier muß die Verknüpfung mit anderen Rechtsverhältnissen wirkam werden. Dabei geht es in der Regel nicht um eine lineare Verbindung von der wirtschafts- zur arbeitsrechtlichen Verantwortlichkeit. Betroffen ist vielmehr meist ein ganzes Geflecht von Rechtsverhältnissen der Leitung des Betriebes und der Organisation der Arbeit und damit der Gestaltung des Verhältnisses von Aufgaben und Verantwortung und tatsächlicher Leistung und deren Bewertung und Stimulierung im Rahmen der Rechte- und Pflichtenstruktur dieser Rechtsverhältnisse. Folglich geht es um Fragen der Verbesserung der Leitungstätigkeit und Arbeitsorganisation und der Leistungsbereitschaft und Arbeitsdisziplin der Werktätigen in ihrer Wechselwirkung. Damit wird die Durchsetzung des Leistungsprinzips insgesamt berührt, die Gestaltung des Lohnes entsprechend der tatsächlichen Leistung ebenso wie die der Prämierung. Im Rahmen dieser komplexen Auswertung von Pflichtverletzungen des Betriebes muß der arbeitsrechtlichen Verantwortlichkeit mehr Aufmerksamkeit gewidmet werden.

Die materielle Verantwortlichkeit der kollektiven Wirtschaftsrechtssubjekte bedeutet nicht nur Vertragsstrafe und Schadenersatz, sondern auch die Auferlegung von Nachteilen über andere Rechtsfolgen. So z. B. Garantieforderungen mit ihren Auswirkungen auf Kosten und Betriebsergebnis.

Ansatzpunkt und Wirkungsstrecke dieser Verantwortlichkeit sind folglich untrennbar gebunden an die Einheit und Wechselwirkung von Planung, wirtschaftlicher Rechnungsführung, Leistungsbewertung und ökonomischer Stimulierung der Wirtschaftseinheiten. Insofern betreffen ihre Wirkungen den generellen Soll-Ist-Vergleich und die Schlußfolgerungen daraus für die Stimulierung. Auf dieser Wirkungsstrecke können sich auch positive und negative Wirkungen gegeneinander aufheben; das ist aber durch das Gesamtsystem bedingt und kann nicht umgangen werden durch eine direkte Wirkung der Sanktionen wegen bestimmter Rechtsverletzungen auf den Prämienfonds.

Stimulierung ist auch hier nicht nur verstanden als Wirkung auf die Fonds der kollektiven materiellen Interessierung, sondern vielmehr auf die eigenverantwortliche Wirtschaftstätigkeit insgesamt, auf den Fondskreislauf im umfassenden Sinne, auf die Wechselwirkung zwischen der Effektivität der Wirtschaftstätigkeit in einem Planzeitraum und der Entwicklung der Voraussetzungen und Dispositionsmöglichkeiten zum „Wirtschaften" und zur „materiellen Interessierung" in künftigen Planzeiträumen. Aus all diesen Gründen ist wirtschaftsrechtliche Verantwortlichkeit zugleich ein Mittel der Gewährleistung der Pflichterfüllung und des Schutzes der Rechte des anderen Beteiligten. Sie muß in der Regel Erziehung und Ausgleich ökonomischer Nachteile gleichzeitig bewirken. Bei der Gestaltung ihrer subjektiven Voraussetzung darf trotz der großen Bedeutung, die sie gerade für die erzieherische Wirkung hat, nicht aus dem Blickfeld geraten, daß das Problem der beim anderen Partner vorliegenden Folgen existiert. Entscheidungen hierfür berühren so oder so die materielle Stimulierung seines Kollektivs, dessen Gestaltung insgesamt wie auch in ihrer Konkretisierung, z. B. bezüglich der Jahresendprämierung, auch auf erzieherische Wirkungen in Richtung auf hohe Anstrengungen dieses Kollektivs zielt.

Eine weitere Konsequenz der Gestaltung der wirtschaftsrechtlichen Verantwortlichkeit notwendigerweise als materielle Verantwortlichkeit ist es, daß ihre Wirksamkeit erheblich nicht nur vom Inhalt und von der Anwendung ihrer eigenen rechtlichen Regelung abhängt, sondern von der Anlage und Wirkung des Gesamtsystems ökonomischer Leistungsbewertung und Stimulierung in der gesellschaftlichen Praxis. Das hat W. Panzer[8] ausführlich untersucht und es wird darauf verwiesen.

Die spezifische Fixierung wie eigenartige Anwendung einer subjektiven Voraussetzung der Verantwortlichkeit im Wirtschaftsrecht ist das Ergebnis einer durchaus widerspruchsreichen Entwicklung. Bereits in den fünfziger Jahren trat mit der Entstehung und Entwicklung volkseigener Betriebe und ihrer Kooperationsbeziehungen das Bedürfnis auf, die rechtliche Verantwortlichkeit bei Pflichtverletzungen aus Wirtschaftsverträgen in einer dieser Art sozialistischer Rechtssubjekte und -verhältnisse gerecht werdenden Weise zu bestimmen und zu definieren. Die auf die Profitsicherung gerichteten Lösungen des bürgerlichen Rechts (§§ 323 ff. BGB; § 342 HGB) widersprachen prinzipiell dem auf die Bedürfnisbefriedigung gerichteten Grundsatz der realen Erfüllung der Wirtschaftsverträge. Für die Vertragsstrafe wurde zunächst eine subjektive Voraussetzung nicht für erforderlich gehalten. Die dann einsetzenden Bemühungen um ihren Platz führten bald zu der Erkenntnis, daß „Verschulden" in seiner Bindung an individuelle Willensbildung und -verwirklichung auf den einzelnen Menschen bezogen ist, eine sozialpsychologische Beziehung zwischen Rechtsverletzer und Rechtsverletzung und der Gesellschaft darstellt und deshalb für die kollektiven sozialistischen Wirtschaftsrechtssubjekte nicht geeignet ist.

Die Notwendigkeit einer eigenständigen Lösung resultierte in erster Linie nicht daraus, sondern aus der zutiefst in der revolutionären Umwälzung der politischen Macht und der Produktionsverhältnisse begründeten Aufgabe der Betriebe im sozialistischen Wirtschaftsorganismus bei der bewußten Gesellschaftsgestaltung. Es galt und gilt, die Anforderungen an das schöpferisch, initiativreich und diszipliniert planmäßig arbeitende und entsprechend geleitete sozialistische Kollektiv zu erfassen.

Um eine subjektive Voraussetzung geht es deshalb, weil es mit dem in ihr enthaltenen Maßstab möglich ist, das Verhalten dieser Wirtschaftseinheit zu bewerten und im Ergebnis dessen darüber zu entscheiden, ob die Pflichtverletzung diesem Kollektiv vorzuwerfen (zuzurechnen) ist. Mit dem Bezug auf die Ausnutzung aller durch die sozialistischen Produktionsverhältnisse gegebenen Möglichkeiten hat das geltende Vertragsgesetz von 1965 (§ 82 Abs. 1) einen Maßstab fixiert, der den hohen Anforderungen, die an den sozialistischen Betrieb, die sozialistische Wirtschaftseinheit – wie wir jetzt umfassender sagen müssen – zu stellen sind, gerecht wird. Darüber hinaus sollte er zugleich genügend allgemein sein, um auf unterschiedliche und vor allem sich entwickelnde Bedingungen reagieren zu können, wie gegenwärtig auf Leistungsvermögen und volkswirtschaftliche Verantwortung der Kombinate als große Wirtschaftseinheiten. Das war ein bedeutender Schritt nicht nur der Entwicklung des Wirtschaftsrechts, sondern – wie die einheitliche Anwendung in drei Rechtszweigen zeigt – des sozialistischen Rechts überhaupt. Das schließt ein, daß immer wieder erneut seine Eignung geprüft und über mögliche andere Lösungen gestritten werden muß. Eine notwendige Folge dieser eigenständigen Lösung ist auch die getrennte Fixierung der subjektiven Voraussetzung der Schadenersatzpflicht für Bürger bzw. Werktätige einerseits (§ 333 ZGB, §§ 260, 252 Abs. 2–4 AGB) und der Betriebe andererseits (§ 334 ZGB; § 270 Abs. 2 AGB).

Damit haben wir weder zwei alternative Maßstäbe noch einen objektiven und einen subjektiven und schon gar nicht einen mehr und einen weniger spezifisch sozialistischen Maßstab vor uns. Jeder dieser Maßstäbe entspricht gerade der Art der handelnden Akteure der sozialistischen Gesellschaft, der Art von Rechtssubjekten, auf die er bezogen ist. Sie unterscheiden sich durch ihren spezifischen Inhalt, weil an den Betrieb und den Bürger bzw. Werktätigen unterschiedliche Anforderungen gestellt werden können und müssen. Diese unterscheiden sich jedoch nicht darin, Maßstab der subjektiven Zurechnung zu sein, die bedeutet, daß die Pflichtverletzung diesem Rechtssubjekt vorgeworfen wird und dies dessen Verantwortlichkeit begründet.

Wir sollten deshalb sehr sorgfältig mit den Eigenschaftswörtern „objektiv" und „subjektiv" bei der Analyse und im Meinungsstreit umgehen. Es ist stets genau zu prüfen, worauf sie sich beziehen und ob damit unmißverständliche Aussagen getroffen werden. Das beginnt schon damit, daß Verschulden gewissermaßen als „echte" subjektive Voraussetzung angesehen wird, während insofern Vorbehalte bezüglich der zudem noch vermuteten Vorwerfbarkeit im Sinne der §§ 82 VG, 334 ZGB und 270 Abs. 2 AGB spürbar sind. Darin äußert sich eine ungenügende Konsequenz bezüglich der Rechtsfähigkeit und der Existenz subjektiver Rechte und Pflichten dieser Wirtschaftseinheiten. Es geht hier aber auch um eine Voraussetzung, bezogen auf das handelnde, seine Pflichten verletzende Rechtssubjekt. Dasselbe gilt, wenn mit dem Blick auf die kollektiven Wirtschaftsrechtssubjekte von einer deutlichen „Objektivierung" des Maßstabs gesprochen wird oder wenn – auf den Bürger bzw. Werktätigen bezogen – festgestellt wird, daß die Schuldmaßstäbe von „stark individualisiert" bis „stark objektiviert"[9] reichen. Die Gefahr von Mißverständnissen ist hier zumindest solange nicht ausgeschlossen, als diese notwendige Differenzierung zu stark in dem bei der Pflichtverletzung angewandten Maßstab selbst angelegt wird. Die Grundlage hierfür liegt aber wesentlich schon in den differenzierten Rechtspflichten, auf deren Verletzung der Verantwortlichkeitsmaßstab bezogen wird. Dabei geht es um die Unterschiede in bezug auf die handelnden Rechtssubjekte, die Art und gesellschaftliche

Funktion wie die Rechte- und Pflichtenstruktur der erfaßten Rechtsverhältnisse, um die wechselseitige Abhängigkeit von Rechten und Pflichten u. a.

In welchem Maße und in welcher Weise z. B. bei der Bewertung des Handelns von Bürgern bzw. Werktätigen mittels des Maßstabes der subjektiven Voraussetzung die individuellen Bedingungen der Bildung und Realisierung des Handlungswillens berücksichtigt werden, ist wesentlich durch den Charakter des Rechtsverhältnisses und damit der verletzten Pflichten und geschützten Rechte der Bürger bzw. Werktätigen geprägt.[10] Die Begründung wirtschaftsrechtlicher Pflichten ist Ergebnis und Mittel planmäßiger Wirtschaftsleitung und eigenverantwortlicher Wirtschaftstätigkeit. Diese Pflichten sollen anspruchsvoll und real sein und damit gesellschaftlich notwendiges und mögliches Verhalten des Wirtschaftsrechtssubjekts fordern. Sie drücken – qualitative Leitungstätigkeit bei ihrer Begründung vorausgesetzt – objektive Erfordernisse aus. Bei einer späteren Prüfung der Umstände, die zu ihrer Verletzung führten, wird grundsätzlich kein anderer Maßstab angelegt, wohl aber geprüft, welche nach Pflichtfixierung aufgetretenen Umstände z. B. vom Verpflichteten trotz voller Entfaltung seines Leistungsvermögens und der Ausschöpfung aller seiner Möglichkeiten nicht abgewendet werden konnten.

Der Inhalt und die spezifische Art der Anwendung der subjektiven Voraussetzung der wirtschaftsrechtlichen Verantwortlichkeit bedingen einander gerade durch diesen Zusammenhang mit den gesicherten Pflichten. Als Regelfall wird davon ausgegangen, daß die Pflichten im genannten Sinne sorgfältig und begründet festgelegt wurden. Demzufolge sind die Prozesse damit geregelt und in dieser Weise beherrschbar. Die verpflichtete Wirtschaftseinheit verfügt damit über alle Voraussetzungen, ihre planmäßigen Aufgaben zu lösen. Folglich bildet die Verantwortlichkeit bei Pflichtverletzungen als regelmäßige Folge den Ausgangspunkt des Regelsystems der wirtschaftsrechtlichen Verantwortlichkeit (§ 79 VG).

Die Praxis bestätigt aber, daß unter den zur Verletzung wirtschaftsrechtlicher Pflichten führenden Umständen neben jenen, die die Wirtschaftseinheiten abzuwenden in der Lage sind, auch solche existieren, die der Verpflichtete nicht abwenden konnte. Es sind dies nicht unbedingt dieselben wie vor Jahren. Das Leistungsvermögen der Wirtschaftseinheiten wächst wie die Dimensionen ihrer Aufgaben, damit auch ihre Reaktionsfähigkeit auf Störungen im Wirtschaftsablauf einerseits wie auch das Auftreten nicht beeinflußbarer Auswirkungen, z. B. aus den internationalen politischen Bedingungen bzw. Wirtschaftsbeziehungen, andererseits. Die Wirtschaftseinheiten sind auch und gerade dann verpflichtet, außerordentliche Anstrengungen zu unternehmen, um Störungsauswirkungen zu minimieren oder abzuwenden. Es bleibt dennoch in bestimmten Fällen eine Abhängigkeit ihres Handelns zur Erfüllung ihrer Pflichten von der Entwicklung der materiellen oder leitungsmäßigen Voraussetzungen außerhalb ihres Verantwortungsbereichs bestehen. Um deren Selektion geht es.

Die Abwendbarkeit durch den Pflichtverletzer wird vermutet. Will er diese Vermutung widerlegen, muß er sich entlasten, d. h., er muß den entsprechenden Nachweis über die Wirkung von ihm nicht abwendbarer Umstände führen. Bisher haben wir von einer subjektiven Voraussetzung für den Eintritt der materiellen Verantwortlichkeit gesprochen. Das Vertragsgesetz formuliert sie nicht positiv als Voraussetzung der Verantwortlichkeit, sondern im Zusammenhang mit dieser Vermutung, d. h. als Maßstab für die Prüfung darüber, ob ein solcher Ausnahmefall vorliegt (§ 82 Abs. 1 VG).

Der Entlastungsbeweis ist möglich bezüglich der Rechtsfolgen Vertragsstrafe und Schadenersatz, während für die anderen Rechtsfolgen (Garantieforderungen, Leistungsbzw. Abnahmeverweigerungsrechte, Rücktrittsrechte u. a.) die Verantwortlichkeit ohne Rücksicht auf Vorwerfbarkeit eintritt, d. h. der Entlastungsbeweis und damit die Prüfung des Vorliegens einer subjektiven Voraussetzung ausgeschlossen ist.

Erforderlich ist es, zunächst hervorzuheben, daß damit Vorwerfbarkeit – widerlegbar vermutet – für den größeren Teil der praktischen Fälle vorausgesetzt wird. Man denke nur daran, daß für alle wesentlichen Arten von Vertragsverletzungen, insbesondere Verzug und nicht qualitätsgerechte Leistung als die am häufigsten vorkommenden Vertragsverletzungen, die Vertragsstrafe zwingend Vertragsinhalt ist und ihre Anwendung durch ihren Charakter als abstrakter, vom Schadensnachweis nicht abhängiger und von vornherein pauschalisierter Schadenersatz schnell und ohne großen Aufwand möglich ist.

Dies muß durchaus hervorgehoben werden, weil sich die Diskussion jetzt viel stärker auf die dadurch nicht erfaßten Fälle der Verantwortlichkeit ohne Rücksicht auf Vorwerfbarkeit bezieht. Bei der Entwicklung dieser Verantwortlichkeitsregelung und bei ihrer Durchsetzung in der Wirtschaftspraxis hatten und haben wir uns dagegen immer wieder mit einer ganz anderen Variante auseinanderzusetzen, der Forderung nämlich, die Verantwortlichkeit generell ohne Rücksicht auf Vorwerfbarkeit eintreten zu lassen.

Hier wird aus dem Zusammenhang der Wirtschaftsrechtsverhältnisse mit dem Austausch-(Äquivalenz-)Charakter der Kooperationsbeziehungen, der wirtschaftlichen Rechnungsführung und Leistungsbewertung und der ökonomischen Stimulierung abhängig von der Erfüllung ausgewählter (wesentliche Ziele der Wirtschaftstätigkeit ausdrückender) Plankennziffern, der Schluß gezogen, daß ein negatives Ergebnis des Soll-Ist-Vergleichs und seine objektive Verursachung durch den Pflichtverletzer allein schon Eintritt und Umfang der materiellen Verantwortlichkeit begründe. Auch nach dem Inkrafttreten des Vertragsgesetzes wurde mit dem Blick einer späteren Neuregelung gefordert, auf die Möglichkeit des Entlastungsbeweises überhaupt zu verzichten und die negativen Folgen der Vertragsverletzung im Sinne einer gesamtgesellschaftlichen Rechnungsführung und -kontrolle zu erfassen und sie dazu beim vertragsverletzenden Betrieb rechnerisch und materiell zu konzentrieren.[11]

Aus der Sicht der ökonomischen Wirkungen einer Pflichtverletzung auf den anderen Partner erscheinen solche Vorschläge auf den ersten Blick immer wieder frappierend, denn ihre Verwirklichung würde dazu führen, die Nachteile gewissermaßen nach dem Kostenverursachungsprinzip dort auszuweisen, wo die Ursachen für ihre Entstehung gesetzt wurden.

Diese Schlußfolgerung ist jedoch für die Nutzung der Spezifik und Vorzüge des sozialistischen Rechts vordergründig. Die rechtliche Verantwortlichkeit ist auch im Wirtschaftsrecht nicht nur bloße Reaktion auf ein ökonomisches Ergebnis des Handelns von Wirtschaftsrechtssubjekten, sondern auf die Verletzung konkreter subjektiver Rechtspflichten, Reaktion auf ganz bestimmte Verhaltensweisen, die zum Zwecke der Auslösung spezifischer juristischer Konsequenzen gesellschaftlich bewertet werden. Wie schon bei der Begründung dieser subjektiven Rechte und Pflichten, insbesondere beim Vertragsabschluß, geht es auch bei der juristischen Reaktion auf ihre Verletzung nicht nur um Verhaltensorganisation schlechthin, sondern stets um die Einheit von verhaltensregulierender und bewußtseinsbeeinflussender und damit auch verhaltensmotivierender Wirkung des sozialistischen Rechts.

Die Auffassung, den Eintritt der Verantwortlichkeit im Wirtschaftsrecht generell nur an die Verursachung der Pflichtverletzung ohne Rücksicht auf Vorwerfbarkeit zu binden, läßt die axiologischen Aspekte des sozialistischen Rechts außer acht. Das ist durchaus wesentlich für ihre Wirksamkeit. Durch eine undifferenzierte Zurechnung aller Folgen von Vertragsverletzungen würde die Einsicht in vermeidbares partielles Zurückbleiben hinter den gesellschaftlichen Anforderungen eher versperrt, statt gefördert. Es würde die erforderliche mobilisierende Wirkung kaum auslösen; denn wenn man ohnehin in jedem Falle verantwortlich ist, so begünstigt das eher gleichgültiges Verhalten zu Rechtsverletzungen, ihren Folgen und Ursachen.

Dies festzustellen bedeutet nicht, umgekehrt für jeden Fall der wirtschaftsrechtlichen Verantwortlichkeit festgestellte Vorwerfbarkeit zu fordern. Im Wirtschaftsleben kommt es tausendfach zu Pflichtverletzungen unterschiedlicher Art und Tragweite. Erst durch die Verbindung von Maßstab und Vermutung der Vorwerfbarkeit wird eine subjektive Voraussetzung hier mit vertretbarem Aufwand praktikabel. Niemand kann ja besser als der Verpflichtete alle notwendigen Bedingungen und Schritte für die allseitige Erfüllung der Pflichten erkennen und organisieren und ggf. auch erklären und belegen, weshalb trotz aller seiner Anstrengungen die Pflichtverletzung durch ihn nicht abwendbar war. Müßte ihm umgekehrt in jedem Falle nachgewiesen werden, daß und wodurch er vorwerfbar gehandelt hat, wäre nicht nur ein ungleich größerer Apparat des Staatlichen Vertragsgerichts erforderlich, gar nicht so selten würde dies auch von außen her nicht gelingen. Es ist deshalb folgerichtig, das in der Vermutung eingeschlossene Aufklärungs- und Beweisrisiko dem Verpflichteten aufzuerlegen.

T. Schönrath sieht in dieser Vermutung, in der nicht in jedem Falle getroffenen ausdrücklichen Feststellung der Vorwerfbarkeit (und damit ihrer Begründung) eine Gefahr für die erzieherische Wirkung der Verantwortlichkeit. Wird dabei aber nicht die aktive Rolle dieser Vermutung verkannt? Es geht ja keineswegs nur um eine rationelle Bewältigung in einer Vielzahl von Fällen. Die Vermutung zwingt doch den Verpflichteten auch dazu, die Ursachen der Pflichtverletzung aufzudecken, sein eigenes Verhalten nach diesem Maßstab zu bewerten. Das ist schon deshalb erforderlich, wenn er die Absicht hegt, sich zu entlasten. In diesem Zusammenhang kann das dazu führen, daß er bei Anlegung eines entsprechend strengen Maßstabes seine eigene Verantwortlichkeit erkennt, die Entlastung gar nicht erst betreibt und Maßnahmen zur Beseitigung der Ursachen einleitet. Die subjektive Voraussetzung wirkt also nicht nur und nicht erst erzieherisch, wenn der andere Partner oder das Vertragsgericht das Verhalten des Verpflichteten bei der Anwendung des Maßstabes der Vorwerfbarkeit bewerten. Solche Wirksamkeit ist freilich schwer erfaßbar und schon gar nicht quantifizierbar, sie ist jedoch äußerst wertvoll und entspricht dem Rang der eigenverantwortlichen Wirtschaftstätigkeit der sozialistischen Wirtschaftseinheiten im Wirtschaftsmechanismus.

Zunächst wurden – um das bestimmende Prinzip hervorzuheben – jene Fragen vernachlässigt, die sich daraus ergeben, daß das Vertragsgesetz eine solche Entlastungsmöglichkeit und damit Möglichkeit der Prüfung der Vorwerfbarkeit nur für Vertragsstrafe und Schadenersatz vorsieht und insoweit von einer Befreiung von der Zahlung dieser Geldsanktionen spricht (§ 82 Abs. 1 VG). K. Müller zieht daraus den Schluß, es handele sich hier überhaupt nicht um eine Verneinung der Verantwortlichkeit, diese bleibe vielmehr bestehen, es entfalle lediglich diese Zahlungspflicht. Im Hinblick auf die subjektive Seite sei die wirtschaftsrechtliche Verantwortlichkeit (im Geltungsbereich des Vertragsgesetzes) „eine Verantwortlichkeit ohne Rücksicht auf Vorwerfbarkeit" auch in diesen Fälllen.[12]

Gewiß ist die Formulierung im Gesetz nicht glücklich. Es ergibt sich aber die Frage, was denn der Grund des Wegfalls der Pflicht zur Zahlung dieser wichtigsten Sanktionen sein soll, wenn nicht die durch den Verpflichteten nachgewiesene Unabwendbarkeit der Vertragsverletzung, d. h. die fehlende Vorwerfbarkeit. Die eigenverantwortliche Entscheidung des Partners beruht auf der Prüfung dieser Voraussetzung und nicht auf kaufmännischer Kulanz oder freiem Ermessen. Die völlige oder teilweise Befreiung von Vertragsstrafe und Schadenersatz durch Entscheidung des Staatlichen Vertragsgerichts ist doch nicht ein staatlicher Gnadenakt, sondern Ergebnis der Prüfung der Vorwerfbarkeit gemäß § 82 VG. Es wäre allerdings besser, wenn das Gesetz formulieren würde, daß die Verantwortlichkeit (über die Regelung unabwendbarer Gewalt in § 83 VG hinaus) insofern wegen der nachgewiesenen, vom Verpflichteten nicht abwendbaren Umstände – also mangels Vorwerfbarkeit – nicht besteht.

K. Müller erkennt den wunden Punkt des Regelungsmechanismus des Vertragsgesetzes, der in diesem Formulierungsproblem hervortritt. Die differenzierte Regelung der Entlastungsmöglichkeit erfolgt nach Arten der Rechtsfolgen von Vertragsverletzungen. Die danach mögliche Verneinung der Verantwortlichkeit ist auf Vertragsstrafe und Schadenersatz bezogen, aber auch begrenzt. Die übrigen Rechtsfolgen der Verantwortlichkeit treten ohne Rücksicht auf Vorwerfbarkeit ein und insofern wird von einer unwiderlegbaren Vermutung gesprochen. K. Müller vermerkt dazu im Zusammenhang mit seiner Forderung, den Entlastungsbeweis bezüglich aller Rechtsfolgen zuzulassen, kritisch, diese Variante verkenne, daß die Verantwortlichkeit eines Partners stets für die jeweilige Pflichtverletzung bestehe, und zwar ungeteilt, also nicht hinsichtlich bestimmter Sanktionen bejaht und hinsichtlich anderer für dieselbe Pflichtverletzung verneint werden kann.[13]

Theoretisch ist dieses Auseinanderfallen vor allem bei nicht qualitätsgerechter Leistung denkbar, in der Praxis freilich treten bis in die Entscheidungstätigkeit des Vertragsgerichts hinein nicht viele Fälle auf, in denen Garantieforderungen befriedigt wurden, die Verpflichtung zur Zahlung von Vertragsstrafe oder Schadenersatz dagegen bestritten wurde.

Niemand bestreitet, daß der weitaus größte Teil der Qualitätsmängel, die Garantieforderungen auslösen, auf durch die Wirtschaftseinheiten abwendbare Umstände zurückzuführen ist. Hierdurch bestimmt wird der Standpunkt vertreten, solche Verhaltensweisen auch als das zu charakterisieren, was sie in der Regel sind, nämlich vorwerfbare Pflichtverletzungen. In den meisten Fällen realisierter Garantieansprüche bewerten die betroffenen Wirtschaftseinheiten diese Vorgänge gegenwärtig leider nicht so. Das Zurückbleiben bewußt zu machen wäre hier dringend nötig, um politisch-ideologische Faktoren für künftig allseitig qualitätsgerechte Leistungen wirksam zu machen. Nun gibt es zweifellos Ausnahmen, die bei einer solchen Betrachtung vernachlässigt werden. Das betrifft insbesondere den begrenzten Teil von Garantieleistungen, der auf standard- und plankonformen Ausfalltoleranzen beruht. Das sind solche Fälle, in denen die Zuverlässigkeit nicht oder nur mit im Verhältnis zum Ergebnis unvertretbarem Aufwand weiter erhöht werden kann, in denen also bewußt das Risiko entsprechender Garantieleistungen übernommen wird.

Das Problem besteht darin, daß durch die unwiderlegbare Vermutung der Verantwortlichkeit in Gestalt auch der Garantieleistungen kein Mechanismus in Gang gesetzt werden kann, diese Ausnahmen zu selektieren und die Garantieleistungen insoweit zwar als notwendige Rechtsfolgen der Pflichtverletzung, jedoch nicht als Rechtsformen der Verantwortlichkeit zu bezeichnen. Für die jetzt verwirklichte Regelungsvariante gab und gibt es gute Gründe, auf die hier nicht im einzelnen eingegangen werden kann. Außer der Sicherung der notwendigen schnellen Behebung der Mängel im Interesse der Sicherung real bedürfnisbefriedigender Wirkung der Leistungen in jedem Falle ist dies vor allem die Tatsache, daß auch durch die in den Ausnahmefällen nicht vorwerfbare Pflichtverletzung das Preis-Leistungsverhältnis gestört ist. Es handelt sich nicht um einen zweiten Erfüllungsversuch, sondern um die Reaktion auf Pflichtverletzungen. K. Müller sieht hier eine Gefahr für die Wirksamkeit der Verantwortichkeit insgesamt, auch soweit sie von vorwerfbaren Pflichtverletzungen ausgeht. Trete Verantwortlichkeit erst einmal ohne Rücksicht auf Vorwerfbarkeit ein, so bliebe es dem Verantwortlichen mehr oder weniger überlassen, ob er eine ihm gegenüber erhobene Sanktion als vorwerfbar werte.[14]

Aus der Sorge um die erzieherische Wirksamkeit der Verantwortlichkeit kann aber auch umgekehrt argumentiert werden: Wenn die Garantieleistungen generell nicht als Folgen der materiellen Verantwortlichkeit charakterisiert werden, obwohl in der weitaus überwiegenden Zahl der Fälle die sie auslösende nicht qualitätsgerechte Leistung abwendbar gewesen wäre, und folglich die Garantieleistung als Aufwand weiterer Erfüllungsaktivitäten angesehen werden, so besteht wenig Anlaß, sich mit dem Zurückbleiben auseinanderzusetzen, obwohl dies in der großen Masse der Fälle vermeidbar gewesen wäre.

Es drängt sich aber auch noch eine andere Frage auf. Wenn ich K. Müller richtig verstehe, ist der Unterschied bezüglich der praktischen Handhabung dieser Sanktionen trotz der unterschiedlichen grundsätzlichen Auffassung gering. In den Fällen nämlich, in denen die Verantwortlichkeit wegen mangelnder Kausalität und Vorwerfbarkeit in allen ihren Formen ausgeschlossen ist, sollen die für die jeweilige Vertragsverletzung geltenden Sanktionen – außer Vertragsstrafe und Schadenersatz – entsprechend angewandt werden, aber nicht als Rechtsfolgen der Verantwortlichkeit. Wie soll sich das aber praktisch vollziehen? Für den Vertragsverletzer bleibt es dabei, daß ihn diese Rechtsfolgen treffen, jetzt aber nicht als Rechtsfolgen der Verantwortlichkeit charakterisiert, sondern im Wege der Gesetzesanalogie. Wird ihn das dazu veranlassen, die Frage der Vorwerfbarkeit intensiver zu klären und die dabei gewonnenen Erkenntnisse nachhaltiger umzusetzen in Maßnahmen zur Beseitigung der Ursachen?

Die Diskussion zeigt, daß es durchaus weiter des Meinungsstreits über Grund- wie Einzelfragen auch der wirtschaftsrechtlichen Verantwortlichkeit bedarf, nicht zuletzt auch unter der Zielstellung der theoretischen Verallgemeinerung über die Rechtszweige hinweg.

Anmerkungen

1 Vgl. W. Panzer, Die Wirksamkeit der Verantwortlichkeit im Wirtschaftsrecht, in: Wirksamkeit des Wirtschaftsrechts, Berlin 1979, S. 239 ff. u. die dort zitierte Literatur.

2 Vgl. M. Posch, Grundriß Zivilrecht, Heft 8, Schutz des Lebens, der Gesundheit und des Eigentums vor Schadenszufügung, Berlin 1977, S. 75.

3 Vgl. T. Schönrath, S. 13 ff. dieses Hefts.

4 Ebenda.

5 Vgl. G. Pflicke, Die subjektive Voraussetzung der materiellen Verantwortlichkeit für die Verletzung der Wirtschaftsverträge und das System ökonomischer Hebel, in: Staat und Recht, 9/1964, S. 1520 ff.; vgl. auch W. Panzer/L. Penig, Zu den Voraussetzungen der materiellen Verantwortlichkeit für die Verletzung von Wirtschaftsverträgen, in: Staat und Recht, 11/1964, S. 1944 ff.; Autorenkollektiv unter Leitung von O. Spitzner, Kommentar zum Kooperationsrecht, Berlin 1970, S. 321 ff.

6 Vgl. G. Pflicke, Zur subjektiven Voraussetzung der Verantwortlichkeit bei Vertragsstrafe und Schadenersatz, in: Wirtschaftsrecht, 2/1980, S. 75 ff.

7 Vgl. näher dazu Kommentar zum Kooperationsrecht, a. a. O., S. 322.

8 Vgl. W. Panzer, a. a. O.

9 Vgl. R. W. Bauer, in: Objektive Gesetze, Recht, Handeln, Berlin 1979, S. 175 f.

10 Darauf hatte J. Göhring aus der Sicht des Zivilrechts eindringlich hingewiesen. Vgl. Ge-

danken zur Regelung der subjektiven Voraussetzung der zivilrechtlichen Verantwortlichkeit im ZGB, in: Neue Justiz, 2/1975, S. 51.

11 Vgl. K. Müller, Zur Regelung der materiellen Verantwortung im Vertragsgesetz, in: Vertragssystem, 4/1968, S. 219. Diesen Standpunkt vertritt er jedoch nicht mehr, im Gegenteil fodert er jetzt, im künftigen Vertragsgesetz sollte eine Verantwortlichkeit ohne Rücksicht auf Vorwerfbarkeit entfallen; vgl. Zur künftigen Regelung des Leistungsortes, der Gefahrtragung und der materiellen Verantwortung im künftigen Vertragsgesetz, in: Wirtschaftsrecht, 3/1979, S. 166; vgl. auch Autorenkollektiv, Zur Wirksamkeit rechtlicher Sanktionen bei der weiteren Gestaltung der entwickelten sozialistischen Gesellschaft, Berlin 1978, S. 115 ff.

12 Vgl. K. Müller, Zur künftigen Regelung des Leistungsortes, der Gefahrtragung und der materiellen Verantwortung im künftigen Vertragsgesetz, in: Wirtschaftsrecht, 3/1979, S. 166.

13 Ebenda, S. 167.

14 Ebenda. S. 166.

Eva Hein/Frithjof Kunz

Zur engen Verbindung der arbeitsrechtlichen Verantwortung und Verantwortlichkeit

Die weitere Festigung der Verantwortung der Werktätigen, die in den sozialistischen Arbeitsverhältnissen zugleich Arbeitende, Träger der Staatsmacht und sozialistische Eigentümer sind, stellt eine der wichtigsten staatlichen und gesellschaftlichen Aufgaben dar. Die verantwortungsbewußte Erfüllung der übernommenen Arbeitsaufgabe im Arbeitskollektiv ist eine unerläßliche Voraussetzung der effektiven Nutzung des Arbeitsvermögens bei der Intensivierung der Produktion. Sie bildet zugleich das Herzstück der sozialistischen Lebensweise.[1]

Die Lösung dieser Augabe bedarf auch des Einsatzes des sozialistischen Rechts, insbesondere des sozialistischen Arbeitsrechts. Die Stärkung der ökonomischen Leistungsfähigkeit unserer Republik als zentrale Frage unserer zukünftigen gesellschaftlichen Entwicklung erfordert die volle Nutzung der diese Leistungskraft fördernden Potenzen des Arbeitsrechts zur Stimulierung und Gewährleistung des verantwortungsbewußten Einsatzes des einzelnen im Kollektiv, um in effektiver planmäßiger Arbeit die betrieblichen Leistungen zu erhöhen. Das Arbeitsrecht kann – vielfältig mit anderen staatlichen und gesellschaftlichen Leitungsinstrumenten verbunden – eine Vielzahl von Faktoren der Intensivierung der Produktion beeinflussen.[2] Da das Arbeitsrecht entsprechend den erreichten Entwicklungsmöglichkeiten und -notwendigkeiten die grundlegende und wachsende Übereinstimmung der gesellschaftlichen, kollektiven und persönlichen Interessen in seinen Normen, insbesondere denen des neuen AGB, verkörpert und verbindlich das dementsprechende Handeln vorzeichnet, ist es in der Lage, handlungsmotivierend für alle Adressaten in seinem Geltungsbereich zu wirken. Unter diesem Aspekt erweist sich das Rechtsinstitut der arbeitsrechtlichen Verantwortlichkeit als verbunden mit allen anderen Rechtsinstituten des Arbeitsrechts, besonders eng jedoch mit dem der arbeitsrechtlichen Verantwortung.

Zur weiteren Erhöhung der Wirksamkeit der arbeitsrechtlichen Verantwortlichkeit ist es erforderlich, die Möglichkeiten, aber auch die Grenzen ihres Wirkens tiefer zu durchdenken. Das der Stimulierung der Einhaltung der sozialistischen Arbeitsdisziplin durch das Rechtsinstitut der arbeitsrechtlichen Verantwortlichkeit immanente Anliegen besteht in der Erziehung der Werktätigen zu gesellschaftsgemäßem Verhalten in der Arbeit, zur vollen Wahrnehmung ihrer arbeitsrechtlichen Verantwortung in Gestalt der Gesamtheit ihrer Rechte und Pflichten aus dem Arbeitsrechtsverhältnis Werktätiger – Betrieb. Die arbeitsrechtliche Verantwortlichkeit wirkt in dieser Richtung auf denjenigen, der schuldhaft Arbeitspflichten verletzt hat, durch das vom Gesetzgeber vorgeschriebene Verfahren (§§ 255 ff. bzw. § 265 AGB) sowie durch die vorgesehenen Maßnahmen, auf die anderen Werktätigen des Arbeitskollektivs durch ihre Mitwirkung in dem jeweiligen Verfahren (vgl. § 256 Abs. 3 AGB) und durch die Gewißheit der erzieherischen Reaktion auf schuldhafte Disziplinverstöße. Sie schützt den Betrieb vor Störungen des Arbeitsablaufs durch Disziplinverletzungen und die Arbeitskollektive vor dadurch verursachter zusätzlicher Arbeit; sie schützt das sozialistische Eigentum. Gleichzeitig schützt sie aber auch die Werktätigen vor ungerechtfertigter Auferlegung der vom Gesetzgeber als Folge schuldhafter Disziplinverstöße vorgesehenen Maßnahmen. So kommt im Inhalt wie in der Anwendung der arbeitsrechtlichen Verantwortlichkeit die grundlegende und wachsende Übereinstimmung der Interessen der Gesellschaft, des Betriebskollektivs und des einzelnen Werktätigen zum Ausdruck. Indessen sind die Einflußmöglichkeiten der arbeitsrechtlichen Verantwortlichkeit vom Vorliegen einer schuldhaften Verletzung arbeitsrechtlicher Pflichten durch den Werktätigen abhängig und insoweit begrenzt. Deshalb ist die arbeitsrechtliche Verantwortlichkeit als ein wichtiges Glied in einer Kette von abgestimmten moralischen und rechtlichen Einwirkungsmöglichkeiten zu sehen, mit denen gewährleistet wird, daß die Werktätigen ihre arbeitsrechtliche Verantwortung mit Umsicht und Initiative (vgl. § 80 AGB) wahrnehmen, daß sie die objektiven Erfordernisse erkennen und in ihrer Arbeit beachten, so daß die Interessen der Gesellschaft in Übereinstimmung mit denen des Betriebes und des Werktätigen verwirklicht werden.

Die enge Verbindung von arbeitsrechtlicher Verantwortung und arbeitsrechtlicher Verantwortlichkeit ist nicht nur theoretisch, sondern durchaus auch praktisch bedeutsam. Alle Untersuchungen der letzten Zeit zeigen, daß die Durchsetzung der Verantwortlichkeit entscheidend von der ordentlichen Festlegung der Verantwortung im Rahmen wissenschaftlicher Arbeitsorganisation abhängt. Andererseits erwachsen aus der Realisierung der arbeitsrechtlichen Verantwortlichkeit neue Einblicke in Schwachstellen der Arbeitsorganisation und der Erziehung sowie Selbsterziehung zu hoher Arbeitsdisziplin. Es ergeben sich daraus wichtige Schlüsse auch für den Einsatz arbeitsrechtlicher Instrumente zu klarerer Festlegung der Verantwortung bzw. zu besserer Abstimmung der Verantwortungsbereiche der einzelnen, um die Fortschritte in der Entwicklung der betrieblichen Produktivkräfte im Stand der Arbeitsorganisation und der Erziehungsarbeit zu berücksichtigen. Insgesamt kommt bei der Stärkung der ökonomischen und sonstigen Leistungsfähigkeit der sozialistischen Arbeitsdisziplin als Einheit von Berechtigung und Verpflichtung, von objektiver Notwendigkeit, subjektivem Vermögen und aktivem Verhalten sowie deren Stimulierung und verbindlicher Durchsetzung eine Schlüsselrolle zu. Deshalb wird im folgenden nach einer kurzen Zusammenfassung des Stands der Theorie auf einige Seiten der engen Verbindung von arbeitsrechtlicher Verantwortung und Verantwortlichkeit eingegangen. Diese prägen das Wesen der arbeitsrechtlichen Verantwortlichkeit und bestimmen ihre Gemeinsamkeiten mit anderen Formen rechtlicher Verantwortlichkeit. Aus ihnen ergeben sich andererseits aber auch Unterschiede zu anderen Formen rechtlicher Verantwortlichkeit. Schließlich erwachsen aus ihnen neue Aufgaben für die weitere theoretische Durchdringung.

In den letzten Jahren sind von Praktikern und Wissenschaftlern viele grundlegende systematische Untersuchungen zu der arbeitsrechtlichen Verantwortlichkeit insgesamt wie auch Einzelarbeiten zu ihren einzelnen Formen und Seiten vorgelegt worden.[3] Sie alle stimmen darin überein, daß die arbeitsrechtliche Verantwortlichkeit des Werktätigen:

- als Teilstück der rechtlichen Verantwortlichkeit des Bürgers durch die allgemeinen Wesenszüge jeder Form der Verantwortlichkeit des einzelnen in der sozialistischen Gesellschaft als Einstehen für verwerfbare Nichtwahrnehmung der objektiven und subjektiven Möglichkeit verbindlich vorgeschriebenen Handelns charakterisiert ist;
- ein Verschulden und Rechtspflichtverletzung voraussetzt;
- auf die Erziehung zu künftigem gesellschaftsgemäßen Handeln gemäß den verbindlichen Rechtsnormen gerichtet ist.

Weiterhin hat sich seit den sechziger Jahren die Erkenntnis durchgesetzt, daß sich die arbeitsrechtliche Verantwortlichkeit des Werktätigen prinzipiell von der Schadensersatzpflicht des Betriebes unterscheidet. Es geht dabei weniger um die von T. Schönrath angesprochenen Meinungsunterschiede, ob das Verschuldensprinzip gelte oder allgemein die Nichteinhaltung von Rechtspflichten eine Verantwortlichkeit eintreten lasse. Vielmehr ist die Ursache dieser Unterscheidung, der der Gesetzgeber im neuen AGB gefolgt ist, die Notwendigkeit, zwischen den objektiven Möglichkeiten des einzelnen Werktätigen und denen des Kollektivs zu differenzieren. Der Eintritt der Schadenersatzpflicht des Betriebes ist deshalb nicht an das Verschulden einzelner, für den Betrieb handelnder Leiter oder Werktätiger ohne Leitungsfunktion gebunden. Vielmehr ist bei einem durch Arbeitsunfall gemäß § 220 Abs. 1 AGB (oder Berufskrankheit) ausgelösten Schaden grundsätzlich – mit der in § 267 Abs. 2 AGB geregelten Ausnahme – das Vorliegen von Arbeitsunfall (bzw. Berufskrankheit), Kausalität und Schaden ausreichend, um den Schadensersatzanspruch zu begründen. Bei Schäden, die den Werktätigen infolge anderer Gründe im Verlaufe ihres Arbeitsrechtsverhältnisses (oder dessen Vorbereitung) durch den Betrieb zugefügt werden, muß der Schaden durch die Verletzung einer Pflicht aus dem Arbeitsrechtsverhältnis seitens des Betriebs verursacht sein.[4] Diese von der Arbeitsrechtstheorie getragene Regelung entspricht den Möglichkeiten der Betriebe als staatlich organisierte Arbeitskollektive, die grundsätzlich immer im Stande sind, die ihnen durch den Gesetzgeber übertragenen Arbeitspflichten zu erfüllen. Das entspricht des weiteren der Garantie der sozialen Sicherheit und Geborgenheit des Werktätigen bei Arbeitsunfall und Berufskrankheit durch den sozialistischen Staat.

Die arbeitsrechtliche Verantwortlichkeit des Werktätigen weist, zu den allgemeinen Wesenszügen der individuellen rechtlichen Verantwortlichkeit hinzutretend, jedoch auch Spezifika auf. Sie ergeben sich aus der Tatsache, daß das Arbeitsrechtsverhältnis Werktätiger – Betrieb durch das Wesen des sozialistischen Arbeitsverhältnisses determiniert ist.[5] Die Arbeitsverhältnisse bestehen sowohl aus individuellen als auch aus kollektiven Beziehungen, in denen die Arbeitsaufgabe in kameradschaftlicher Zusammenarbeit und bewußtem Zusammenwirken erfüllt wird. Der Eintritt des Werktätigen in das Betriebskollektiv erfolgt dabei im allgemeinen unbefristet, auf jeden Fall für einen längeren Zeitraum. Dieser Dauercharakter des Arbeitsrechtsverhältnisses Werktätiger – Betrieb führt zu einer Dynamik des Inhalts der arbeitsrechtlichen Verantwortung. Die Stärke dieser Dynamik hängt davon ab, wie intensiv und mit welchem Tempo der wissenschaftlich-technische Fortschritt in den betreffenden Betriebs- und Arbeitskollektiven verwirklicht wird und zu entsprechenden Wandlungen in der Arbeitsorganisation der Betriebs- und Arbeitskollektive führt. Diese Dynamik kann sich innerhalb des Rahmens der mit dem Werktätigen vereinbarten Arbeitsaufgabe (vgl. § 40 Abs. 1 AGB) vollziehen, indem sich ihre innere Struktur verändert und deren schöpferische Elemente zunehmen (vgl. §§ 73 ff. AGB). Sie kann aber auch dazu führen, daß eine andere, qualitativ höhere Arbeitsaufgabe durch Änderungsvertrag (§ 49 AGB) zu vereinbaren ist. Mit der sozialistischen Meisterung des wissenschaftlich-technischen Fortschritts geht z. B. der Werktätige im allgemeinen mit komplizierterer Technik um. Ihm werden höhere materielle Werte anvertraut, wodurch seine Verantwortung für die Nutzung und den Schutz des sozialistischen Eigentums vor Beschädigung und Verlust wächst. Der vollen Ausnutzung der Arbeitszeit kommt infolge der höheren Grundfonds eine andere volkswirtschaftliche Dimension zu usw. Auch das ist für die enge Verbindung von arbeitsrechtlicher Verantwortung und arbeitsrechtlicher Verantwortlichkeit bedeutsam.

All das läßt die folgenden spezifischen Charakterzüge der arbeitsrechtlichen Verantwortlichkeit hervortreten:

- Die arbeitsrechtliche Verantwortlichkeit entsteht infolge schuldhafter Verletzung von Arbeitsrechtspflichten aus einem nicht von vornherein begrenzten, langfristig bestehenden Arbeits- und Arbeitsrechtsverhältnis, das individuelle und kollektive Elemente in sich vereint.
- Die Voraussetzungen des Eintritts der arbeitsrechtlichen Verantwortlichkeit sind Verschulden, Arbeitspflichtverletzung und ggf. schuldhafte Schädigung, Kausalität und Schaden.[6]
- Die arbeitsrechtliche Verantwortlichkeit setzt eine klare Bestimmung der persönlichen Verantwortung auf der Grundlage und in Verwirklichung des AGB und der darauf beruhenden Rechtsvorschriften durch den Betriebsleiter und seine leitenden Mitarbeiter sowie die Abstimmung mit anderen Verantwortungsbereichen voraus. Gerade durch die Berücksichtigung der Entwicklung der Produktivkräfte und Arbeitsorganisation im Betrieb wird die Verantwortung der Werktätigen des Betriebskollektivs auf der Höhe der sozialistischen Rationalisierung gehalten.
- Die Präzisierung und klare Bestimmung der persönlichen Verantwortung des Werktätigen durch den Einzelleiter mit Hilfe der arbeitsrechtlichen Instrumente der Einzelleitung muß sich im Rahmen der im Arbeitsvertrag (bzw. durch Berufung oder Wahl) festgelegten Arbeitsaufgabe und des durch das AGB gezogenen Rahmens für vorübergehende Ausnahmen halten. Damit ist das eigentliche Fundament, auf dem durch schuldhafte Pflichtverletzung arbeitsrechtliche Verantwortlichkeit entstehen kann, immer von dem in rechtlich erheblicher Form geäußerten Willen zum Ausfüllen eines durch die vereinbarte Arbeitsaufgabe charakterisierten Verantwortungsbereichs bestimmt.
- Die Geltendmachung jeder Form der arbeitsrechtlichen Verantwortlichkeit hängt entsprechend der Verbindung von arbeitsrechtlicher Verantwortung und Verantwortlichkeit, die ihrerseits auf der Wechselbeziehung von Arbeitsorganisation und Arbeitsdisziplin beruht, von einem entsprechenden Leitungsakt des Betriebsleiters oder des von ihm bestimmten disziplinarbefugten Einzelleiters ab, auch dann, wenn sie – wie bei der materiellen Verantwortlichkeit – vor einem gesellschaftlichen oder staatlichen Gericht erfolgt.
- In den Phasen der Geltendmachung und der Realisierung der jeweiligen Maßnahmen bzw. Form der arbeitsrechtlichen Verantwortlichkeit ist die Kraft des Kollektivs zu erschließen (vgl. §§ 252, 256, 265 AGB sowie die KKO und ZPO). Dies ermöglicht die wahrheitsgemäße Feststellung aller Umstände, das Finden der angemessenen Reaktion, die kollektive Unterstützung des gesamten erzieherischen Prozesses und die Einschätzung, ob und wann dies erfolgreich abgeschlossen ist.
- Die arbeitsrechtliche Verantwortlichkeit als im Namen des Staates ergriffene erzieherische Reaktion schuldhafter Arbeitspflichtverletzung berücksichtigt sowohl die gesamtgesellschaftlichen Erfordernisse, die betrieblichen als auch die persönlichen Interessen, löst den in dem Disziplinarverstoß liegenden Widerspruch im Interesse der optimalen Beachtung der gesellschaftlichen Notwendigkeiten, der betrieblichen Planaufgaben, der Festigung der Betriebs- und Arbeitskollektive sowie der Persönlichkeitsentwicklung des betreffenden Werktätigen.
- Die enge Verbindung von arbeitsrechtlicher Verantwortung und Verantwortlichkeit bewirkt deren Wechselbeziehung zu allen anderen rechtlichen und gesellschaftlichen Formen der Stimulierung verantwortungsbewußten Handelns und der Erziehung dazu. So fördert die strikte Durchsetzung des Leistungsprinzips hohe Arbeitsdiszi-

plin. Ungerechte, nicht durchgängig am Leistungsprinzip orientierte materielle und ideelle Stimulierung der Erfüllung der Arbeitspflichten schafft Widersprüche bei der Entwicklung der Arbeitsdisziplin.

- Der Zweck der arbeitsrechtlichen Verantwortlichkeit ist erreicht, wenn der Disziplinverletzer wieder seine arbeitsrechtliche Verantwortung ordnungsgemäß wahrnimmt (vgl. auch die §§ 258 und 266 AGB).

Insgesamt ist die arbeitsrechtliche Verantwortlichkeit die Rechtsfolge schuldhafter Verletzung arbeitsrechtlicher Pflichten als eines wesentlichen Bestandteils der arbeitsrechtlichen Verantwortung. Sie wird in den Formen der disziplinarischen und materiellen Verantwortlichkeit realisiert, wobei an die Stelle der disziplinarischen Verantwortlichkeit auch die Erziehung durch die Konfliktkommission nach einem entsprechenden Antrag des Disziplinarbefugten treten kann (vgl. § 255 Abs. 3 AGB).[7]

Die Steuerung des aktiven Handelns der Werktätigen in Wahrnehmung ihrer arbeitsrechtlichen Verantwortung erfolgt nicht nur durch die Normen des sozialistischen Arbeitsrechts, sondern im wesentlichen Umfang durch die sozialistische Moral.[8] Die Beziehungen innerhalb der Arbeitsverhältnisse sind nicht alle rechtlich geregelt. Die Werktätigen erfüllen mit der Teilnahme an der Aktivisten- und Wettbewerbsbewegung, mit aktiver Mitwirkung an der Leitung des Betriebes wie auch in dem Ausmaß der Wahrnehmung von Arbeitsrechten, so z. B. bei der freiwilligen Teilnahme an der Qualifizierung für eine höhere als die gemäß dem geltenden Arbeitsvertrag erfüllte Arbeitsaufgabe, politisch-moralische Pflichten, die nicht rechtlich geregelt sind und deshalb auch nicht den Charakter einer arbeitsrechtlichen Pflicht angenommen haben. Die Wahrnehmung dieser Arbeitsrechte kann deshalb auch nur auf dem Wege der politisch-moralischen Überzeugung, durch das Wecken der Bereitschaft des betreffenden Werktätigen erreicht werden. Die Nichtrealisierung ausschließlich politisch-moralischer Pflichten dieser Art, die keinen arbeitsrechtlichen Charakter tragen, kann keine arbeitsrechtliche Verantwortlichkeit nach sich ziehen.

Andererseits trägt die arbeitsrechtliche Verantwortlichkeit immer, ganz gleich, ob sie als disziplinarische oder materielle Verantwortlichkeit realisiert wird oder ob gemäß § 255 Abs. 3 AGB die KK nach dem Antrag des Disziplinarbefugten ein erzieherisches Verfahren durchführt, vorrangig moralischen Charakter, appelliert immer an die Arbeitsmoral und -ehre des Disziplinverletzers. Die arbeitsrechtliche Verantwortlichkeit vereint in sich Zwang und Überzeugung. Sie zwingt mit dem Ziel der Überzeugung und überzeugt durch angemessenen Zwang. Die arbeitsrechtliche Verantwortlichkeit, eingeschlossen das Verfahren ihrer Geltendmachung und Durchsetzung, zwingt den betreffenden Werktätigen und sein Arbeitskollektiv, sich mit seinem disziplinwidrigen Verhalten auseinanderzusetzen. Damit wird zugleich Überzeugung vermittelt bzw. werden bisher vorhandene Überzeugungen in Frage gestellt. Die Zwangsanwendung bei der Durchsetzung der arbeitsrechtlichen Verantwortlichkeit bedeutet regelmäßig, daß der Werktätige, der schuldhaft seine Arbeitspflichten verletzt bzw. dadurch schuldhaft einen Schaden am sozialistischen Eigentum herbeiführt, sich unter Umständen gegen seinen Willen der gesellschaftlichen Bewertung seines Verhaltens stellen muß und die rechtlich vorgesehene Beeinträchtigung seiner Stellung als Mitglied des Betriebskollektivs vorübergehend zu tragen hat.[9]

Es bleibt festzuhalten, daß arbeitsrechtliche Verantwortung und Verantwortlichkeit einander sehr stark beeinflussen. Die enge Dependenz der arbeitsrechtlichen Verantwortlichkeit von einer klar umrissenen Verantwortung erweist gleichzeitig die Richtigkeit und Bedeutung der im Meinungsstreit gewonnenen Position, daß zur Verantwortung sowohl die Gesamtheit der Pflichten als auch der damit korrespondierenden

Rechte zählt. Eine Bilanz der wissenschaftlichen Ergebnisse läßt die Notwendigkeit erkennen, stärker die Struktur, den Umfang, den qualitativen und quantitativen Gehalt der Arbeitspflichten zu durchdringen. Es scheint dies aber auch für die Präzisierung der Rechte (Befugnisse) bezüglich der Ausführung der Arbeitsaufgabe zuzutreffen, sofern sie nicht durch allgemeine politische (z. B. Mitwirkungsrecht) oder soziale Festlegungen im AGB exakt normiert sind. Insgesamt wird die stärkere forschungsmäßige Durchdringung der arbeitsrechtlichen Verantwortung der Theorie der arbeitsrechtlichen Verantwortlichkeit neue Impulse verleihen. Sie wird darüber hinaus allgemein den Nutzen des Arbeitsrechts bei der Verbesserung der Arbeitsorganisation und -disziplin erhöhen. Damit entspricht die komplexe Bearbeitung der Probleme der arbeitsrechtlichen Verantwortung und Verantwortlichkeit einem dringenden Erfordernis unserer gesellschaftlichen Entwicklung.

Anmerkungen

1 Vgl. Programm der SED, Berlin 1976, S. 54.

2 Vgl. hierzu ausführlicher F. Kunz/W. Thiel, Aktuelle Aufgaben der Verwirklichung des neuen AGB und Schlußfolgerungen für die Arbeitsrechtswissenschaft, in: Staat und Recht, 9/1979, S. 835 ff.

3 Um die Theorie der arbeitsrechtlichen Verantwortlichkeit haben sich u. a. A. Baumgart, O. Boßmann, E. Hein, G. Kirmse, G. Kirschner, F. Kunz, J. Michas, I. Noack, H. Paul, W. Rudelt und R. Schmutzler verdient gemacht.
Folgende Monographien behandelten diese Thematik:
- H. Paul, Die materielle Verantwortlichkeit im Handel, Berlin, o. J.
- F. Kunz, Sozialistische Arbeitsdisziplin, Berlin 1966;
- G. Kirmse/G. Kirschner/W. Rudelt, Die arbeitsrechtliche materielle Verantwortlichkeit des Werktätigen, Berlin 1973;
- F. Kunz/J. Michas, Sozialistische Arbeitsdisziplin, Berlin 1975.

Weiterhin sind viele Promotionsschriften A und B Problemen der arbeitsrechtlichen Verantwortlichkeit gewidmet.

4 Vgl. im einzelnen: Autorenkollektiv, Arbeitsrecht-Grundriß, Berlin 1979, S. 245 ff. sowie nach der Rechtslage des GBA von 1961: G. Kirmse/G. Kirschner, Die arbeitsrechtliche materielle Verantwortlichkeit des Betriebes, 3. Auflage, Berlin 1975.

5 Vgl. hierzu: Autorenkollektiv, Arbeitsrecht-Grundriß, Berlin 1979, S. 18 ff. und J. Pawelzig/W. Thiel, Einige Überlegungen zu den Arbeitsverhältnissen als Gegenstand des Arbeitsrechts, in: Staat und Recht, 11/1977, S. 1138 ff.

6 Vgl. zur Berücksichtigung der individuellen und kollektiven Interessen bei der arbeitsrechtlichen Verantwortlichkeit: Autorenkollektiv, Sozialistisches Arbeitsrecht – Instrument zur Verwirklichung der Einheit von gesellschaftlichen, kollektiven und persönlichen Interessen, Berlin 1980, S. 175 ff.

7 Vgl. Autorenkollektiv, Lexikon des Arbeitsrechts der DDR, Berlin 1972, S. 381 sowie 386 ff.

8 Vgl. Autorenkollektiv, Die Moral der entwickelten sozialistischen Gesellschaft, Berlin 1979, insb. S. 155 ff.

9 Vgl. Autorenkollektiv, Sozialistisches Arbeitsrecht – Instrument . . ., a. a. O., S. 181.

Erich Buchholz

Allgemeine Merkmale rechtlicher Verantwortlichkeit aus der Sicht eines Strafrechtlers

Für den Strafrechtler haben Probleme der rechtlichen Verantwortlichkeit naturgemäß eine ganz zentrale Bedeutung. Besteht die Aufgabe des Strafrechts doch darin, den Inhalt, die Voraussetzungen und Grenzen sowie das Maß der strafrechtlichen Verantwortlichkeit zu bestimmen. In seinem Kern läßt sich das Strafrecht daher fast mit der Frage der strafrechtlichen Verantwortlichkeit identifizieren, auch wenn sich namentlich das sozialistische Strafrecht nicht darin erschöpft. Dennoch möchte ich nicht so sehr über die Besonderheiten der strafrechtlichen Verantwortlichkeit sprechen, sondern einige Überlegungen zu allgemein-rechtstheoretischen Fragen der rechtlichen Verantwortlichkeit darlegen. Sicher wird sich dabei die strafrechtliche Provenienz nicht ganz verbergen lassen.

Die weitere Vervollkommnung der rechtlichen Verantwortlichkeit in der Praxis der Rechtssetzung und Rechtsverwirklichung und die dazu erforderliche tiefere theoretische Analyse dieser Zusammenhänge, Bedingtheiten und Erfordernisse hat für die Erhöhung der gesellschaftlichen Wirksamkeit des sozialistischen Rechts, für die Festigung der sozialistischen Rechtsordnung mit ihren Rechtsverhältnissen, für die Stärkung des sozialistischen Rechts- und Verantwortungsbewußtseins der Bürger, für die Ausprägung und Nutzung der Vorzüge des sozialistischen Rechts bei der weiteren Gestaltung der entwickelten sozialistischen Gesellschaft eine große Bedeutung. Es geht doch in dieser historischen Entwicklung nicht etwa um eine Abschwächung oder Auflösung der rechtlichen Verantwortlichkeit, sondern darum, sie als spezifisches rechtliches Mittel (Instrument) im Komplex mit anderen staatlichen und nichtstaatlichen, politischen, ideologischen und ökonomischen, rechtlichen und nicht rechtlichen Einwirkungs- und Regelungsformen sowie Stimuli voll zur Geltung zu bringen. Aus diesem Grunde hat das Thema sowohl aktuelle als auch perspektivische Bedeutung.

Es ist erforderlich, Inhalt und Voraussetzungen, Zielstellung und Reichweite, Wirkungsweise (Mechanismus) und Wirksamkeitsbedingungen der rechtlichen Verantwortlichkeit in ihren allgemeinen und in ihren disziplinär-differenzierten Formen durch die einzelnen Rechtszweigwissenschaften wie die allgemeine Rechtstheorie genauer – auch durch empirische Forschung – zu untersuchen.

Die rechtliche Verantwortlichkeit erfaßt eine bestimmte rechtlich geregelte soziale, insbesondere politische und ideologische Beziehung, also ein Rechtsverhältnis, das abgeleitet ist von bzw. sekundär ist in Relation zu Rechtsverhältnissen, deren Gewährleistung bzw. Realisierung und Durchsetzung sie zu dienen hat. Aus diesen primären rechtlichen Verhältnissen resultiert auch vor allem der soziale Inhalt der jeweiligen rechtlichen Verantwortlichkeit (inwieweit sie z. B. bestimmte Rechte der Bürger oder anderer rechtlich erfaßter gesellschaftlicher Interessen zu sichern hat). (T. Schönrath spricht von „akzessorischem Charakter“[1], und B. Grasefrath hob für das Völkerrecht diese Abhängigkeit von der sogenannten primären Norm kürzlich prononziert hervor.[2] Zwischen diesen beiden rechtlichen Beziehungen finden wir ein spezifisches rechtlich relevantes Wechselverhältnis. Die rechtliche Verantwortlichkeit gewinnt ihren konkreten sozialen rechtspolitischen Sinn, ihre jeweilige gesellschaftspolitische Zielstellung aus dem zu schützenden, zu gewährleistenden gesellschaftlichen Verhältnis und sie trägt ihrerseits zur Festigung und Entwicklung dieses Verhältnisses bei. Für das Strafrecht ist diese interdisziplinäre Wechselbeziehung auch dadurch besonders sichtbar, da es auch Arbeits-, Familien- und andere Rechtsverhältnise zu schützen und zu festigen hat.

Die Betonung dieser Wechselbeziehung ist generell bedeutsam, um bei Beachtung des instrumentalen Charakters der rechtlichen Verantwortlichkeit nicht ihre formalistische Verselbständigung zuzulassen; gleichzeitig um wichtige inhaltliche Gesichtspunkte für Wirksamkeitsuntersuchungen zu gewinnen, so z. B. hinsichtlich der sozialen, rechtspolitischen Ziele der rechtlichen Verantwortlichkeit. Dabei wirkt die rechtliche Verantwortlichkeit auf das rechtlich geregelte und zu gewährleistende gesellschaftliche Grundverhältnis vor allem dadurch zurück, daß sie auf Einhaltung und Erfüllung der Pflichten, der Rechtspflichten dieses Grundverhältnisses orientiert und drängt. Darin realisiert sich generell die Gewährleistungsfunktion der rechtlichen Verantwortlichkeit. Sie trägt damit zur Festigung der Verantwortungsbeziehungen bei, und zwar der rechtlichen wie auch der moralischen. Ich möchte daher auch zwischen Rechtspflichten – die allgemein brauchbar in § 9 StGB gesetzlich umschrieben sind – und rechtlicher Verantwortung keine wesentlichen Unterschiede sehen. Die rechtliche Verantwortung besteht in Rechtspflichten und wird durch Erfüllung dieser wahrgenommen, wobei natürlich auch enge Beziehungen zu den betreffenden Rechten bestehen, aber eben keine Identität oder mechanische Abhängigkeit oder Verbindung (namentlich kein junctim). Natürlich ist die Verantwortlichkeit nicht das einzige Mittel zur Einhaltung der Pflichten. Die Betonung der Zusammenhänge von zugrundeliegender rechtlicher Verantwortlichkeit verlangt indessen auch ihre klare Unterscheidung – auch in einem differenzierten Sprachgebrauch.

Die rechtliche Verantwortlichkeit muß, um gesellschaftlich effektiv zu sein bzw. zu werden, an klare, rechtlich faßbare und rechtlich normierte oder aufgrund von Rechtsnormen durch die Rechtssubjekte zu bestimmende Voraussetzungen geknüpft sein. Das muß durch die Rechtsordnung, d. h. durch Gesetz oder rechtliche Vereinbarung eindeutig festgelegt sein. Deshalb ist die klare Regelung und eindeutige Bestimmung der rechtlichen Pflichten und damit die Abgrenzung der jeweiligen Verantwortung vordringlich. Der Grad der Exaktheit solcher Bestimmungen ist Ausdruck des Reifegrades der Rechtsordnung wie des Niveaus der jeweiligen Rechtskultur.

Das von der rechtlichen Verantwortlichkeit erfaßte Rechtsverhältnis trägt insoweit objektiven Charakter, als es unabhängig davon besteht und entsteht, ob der Rechtsverletzer ein solches Rechtsverhältnis jetzt begründen will oder ein daraus Berechtigter es begründet wissen will. Daher kann es auf der Grundlage des positiven Rechts nur durch einen objektiven bzw. objektivierten sozialen Vorgang, eine sogenannte rechtserhebliche Tatsache, entstehen, nämlich insbesondere durch eine tatbestandsmäßige Rechtsverletzung. Es entsteht also zeitlich und beginnt mit der Nichterfüllung bzw. Nichteinhaltung der betreffenden Rechtspflichten. Von da an besteht neben den primären, spezifischen Rechten und Pflichten bestimmter Rechtssubjekte objektiv ein weiteres Rechtsverhältnis als rechtliche Verantwortlichkeit. Die Betonung des Fortbestehens des primären Rechtsverhältnisses, der grundlegenden rechtlichen Verantwortungsbeziehungen ist insofern praktisch bedeutsam, als mit dem Entstehen einer rechtlichen Verantwortlichkeit nicht etwa die primären Pflichten, so z. B. gewissenhaft zu arbeiten, Verträge zu erfüllen, die öffentliche Ordnung und die Strafgesetze einzuhalten, entfallen, sondern vielmehr Veranlassung besteht, diese nun erst recht verantwortungsbewußt zu erfüllen.

Weiterhin zeigt sich der objektive Charakter des Rechtsverhältnisses der rechtlichen Verantwortlichkeit darin, daß dieses ab tatbestandsmäßiger Pflichtverletzung besteht, und zwar unabhängig davon, ob die Rechtsverletzung erkannt und darauf reagiert wird oder nicht.

Ich halte die Betonung eines so verstandenen objektiven Charakters der rechtlichen Verantwortlichkeit und des davon erfaßten Rechtsverhältnisses im Interesse der Stärkung und Festigung der Rechtsordnung, der Rechts- und Verantwortungsbeziehungen, im Interesse der Gewährleistung der Einhaltung des sozialistischen Rechts, auch gegen Erscheinungen des Subjektivismus und Rechtsnihilismus, für praktisch sehr bedeutsam. So kann es nicht im subjektiven Belieben dieses oder jenes liegen, das Bestehen von Rechtspflichten und das Vorliegen ihrer Verletzung anzunehmen oder nicht. Eine ganz andere Frage ist die, daß und ob das sozialistische Recht – als Ausdruck der Macht und des Klassenwillens der Arbeiterklasse – differenzierte Möglichkeiten der Feststellung und Durchsetzung der rechtlichen Verantwortlichkeit vorsieht bzw. unter bestimmten Voraussetzungen selbst bestimmten Rechtssubjekten die Befugnis einräumt, diese geltend zu machen oder nicht bzw. das Entstehen rechtlicher Verantwortlichkeit selbst ausschließt. Die Betonung des objektiven Charakters solcher rechtlicher Verantwortlichkeit ist auch eine Frage der Rechtskultur, der Rechtssicherheit, der Stabilität und Zuverläsigkeit des sozialistischen Rechts, was für die Geborgenheit der Bürger und damit ihr Vertrauen zum sozialistischen Staat wesentlich ist.

Spezifische Überlegungen sind am Platz zum Problem des Subjekts der die rechtliche Verantwortlichkeit begründenden Rechtspflichtverletzung. In Abhängigkeit von den Unterschieden in den Rechtszweigen, namentlich dem rechtlichen Grundverhältnis und den konkreten Gegebenheiten, können einmal Bürger, Individuen (sogenannte natürliche Personen), zum anderen aber auch Institutionen (Betriebe, Einrichtungen, staatliche Organe, im Völkerrecht auch der Staat) Subjekte solcher Rechtspflichtverletzung sein, die für diese rechtlich einzustehen haben. Selbstverständlich werden diese Institutionen stets durch Menschen, durch ihre Funktionäre tätig, die jedoch qua Institution rechtlich, d. h. gegebenenfalls auch rechtswidrig und rechtsverletzend handeln. Ebenso können auch die durch die Nichterfüllung der Rechtspflicht Betroffenen – Rechtssubjekte – sowohl Individuen wie auch Institutionen sein (was summa summarum vier Hauptvarianten ergäbe).

Für die Theorie der rechtlichen Verantwortlichkeit und namentlich im Hinblick auf die umstrittene Frage des Erfordernisses eines Verschuldens ist hier vor allem von Interesse, ob das pflichtwidrig handelnde Rechtssubjekt Individuum bzw. Bürger oder Institution ist. Unabhängig von der Art der Rechtsfolgen – auf die noch zurückzukommen sein wird – stellt sich die Sache so dar, daß persönliches Verschulden doch nur bei einem pflichtwidrig handelnden Individuum bzw. Bürger als Merkmal und Voraussetzung rechtlicher Verantwortlichkeit in Betracht kommt. Schuld als verantwortungslose sozial-negative Fehlleistung bei Voraussicht oder zumindest Voraussehbarkeit möglicher gesellschaftsschädlicher Folgen und bei Wissen um die Rechtspflicht und ihre Nichterfüllung – und nicht als schlechthin objektiv fehlerhaftes, rechtswidriges und Schaden bringendes Agieren – kann einer Institution nicht zugerechnet werden. Zur Unterstreichung und Betonung möchte ich deshalb auch exakt von persönlicher und individueller Schuld an der Pflichtverletzung sprechen. Dabei kann es sich im Einzelfall natürlich auch um ein gemeinschaftliches schuldhaftes Tun mehrerer Individuen handeln.

Gewiß ist es im Recht und für das Recht wesentlich, sich an objektiven sozialen Tatsachen zu orientieren, so auch an objektiver Pflichtwidrigkeit. Und in vieler Hinsicht sind die einem Verhalten zugrunde liegenden Motive, wie z. B. bei der Erfüllung der Grundpflicht zu arbeiten, die Einstellungen, Haltungen und Überzeugungen der (individuellen) Rechtssubjekte rechtlich irrelevant, unbeachtlich. Es ist aber im Bereich der rechtlichen Verantwortlichkeit ein großer und wesentlicher Unterschied, ob eine Pflichtverletzung – wenn auch vermeidbar – lediglich objektiv verursacht oder auch subjektiv verschuldet wurde. Hat der Rechtspflichtverletzer Ursachen für gesellschaftsschädliche Folgen gesetzt und waren diese für ihn vermeidbar und können sie ihm auch zugerechnet werden, dann hat er für diese auch real einzustehen. Nur im letzteren Falle kann von ihm ernstlich verlangt werden, solche Ursachen auszuräumen bzw. darauf hinzuwirken, daß sich derartige Pflichtverletzungen nicht wiederholen. Nur im letzteren Falle kann die Frage der Erziehung des Rechtsverletzers gestellt werden.

Im Grunde wird diese Position auch vom geltenden Recht eingenommen. Das Arbeitsrecht kennt die schuldhafte disziplinarische bzw. materielle Verantwortlichkeit der Werktätigen (§ 252 Abs. 2 AGB). In Bezug auf den Betrieb wird sehr eindeutig nur von Schadensersatz (ohne Verschulden) gesprochen (§ 267 ff. AGB). Das Zivilrecht spricht von schuldhafter Schadensverursachung, die zum Schadensersatz verpflichtet, nur bei Bürgern (§ 333 ZGB), obgleich der Begriff Verantwortlichkeit auch für entsprechende Schadensersatzleistungen des Betriebes bzw. in den Fällen der erweiterten Verantwortlichkeit verwandt wird. Ebenso spricht das Vertragsgesetz, obwohl es nur um materielle Schadensausgleichleistung unter relevanten Institutionen geht, von (materieller) Verantwortlichkeit (§ 79 ff. VG), von deren Rechtsfolgen diese in Fällen der Unabwendbarkeit des Schadens befreit werden kann (§ 82 VG). Ähnlich wie das Strafrecht knüpft auch das Ordnungsstrafrecht seine Sanktionen an schuldhafte Rechtswidrigkeiten von Individuen, während der Staat für Pflichtverletzungen seiner Funktionäre mit Staatshaftung eintritt.

Eine unmittelbare Konsequenz dieser Unterscheidung zwischen Rechtspflichtverletzung von Individuen und Institutionen betrifft das Problem der erzieherischen Funktion, Zielstellung und Wirkung der rechtlichen Verantwortlichkeit. Erziehung – hier vor allem verstanden als Stärkung und Entwicklung des Verantwortungsbewußtseins, aus dem rechtmäßiges Verhalten erwächst – kann sich nur auf Bürger, auf Individuen beziehen. Eine Institution, ein Betrieb, ein staatliches Organ kann nicht erzogen werden. Es kann eine Institution objektiv zur Erfüllung von Rechtspflichten angehalten, ja gezwungen werden; aber das hat nichts mit Erziehung der Institution zu tun. Wohl aber können seine Funktionäre und die ihm zugehörigen Bürger bzw. Werktätigen erzogen werden. Aber das verlangt stets weitere – umsetzende – Aktivitäten. Schadensersatz und Vertragsstrafe, die ein Betrieb zu zahlen hat, bewirken für sich erzieherisch nichts, zumal diese Realisierung materieller Verantwortlichkeit im Rahmen der Planung verlaufen muß. Gesellschaftliche Aktivitäten der Werktätigen werden erst mobilisiert und ausgelöst, wenn die beeinflußbaren innerbetrieblichen Gründe der Vertragsverletzung – womöglich auch durch persönliche disziplinarische oder arbeitsrechtliche materielle Verantwortlichkeit – konkret aufgedeckt und offen und selbstkritisch die Schwachstellen an das Licht gezogen werden.

Das Erfordernis des Verschuldens als Voraussetzung rechtlicher Verantwortlichkeit ist oder kann durchaus verschieden sein von den Formen und Bedingungen der Feststellung des Verschuldens im Einzelfall. Sicher hat die auf Beweise gestützte positive Feststellung des Vorliegens von persönlicher Schuld – etwa in einem besonderen Verfahren vor einem staatlichen Organ – einige Vorzüge. Aber ich halte das nicht für unabdingbar. In bestimmten sozialen Bereichen könnte durchaus mit widerlegbarer Schuldvermutung, also mit Exculpierungsmöglichkeiten, gearbeitet werden, ohne die Schuldtheorie selbst negieren zu müssen. Es kann solche Verschuldensfeststellung auch staatlichen wie nichtstaatlichen Organen eingeräumt werden, wie es auch möglich ist, sie durch rechtliche Aktivität eines Bürgers, der sich erfolgreich an den Rechtsverletzer wendet, de facto anerkannt zu bekommen. Die Schadenswiedergutmachung aus eigener Bereitschaft, ohne erst durch staatliche Organe dazu angehalten werden zu müssen, ist zweifellos auch moralisch anerkennenswert. Weiterer Prüfung bedarf in diesem Zusammenhang die Frage, ob und unter welchen Voraussetzungen im gesellschaftlichen Interesse eine Rechtspflicht zur Geltendmachung und Durchsetzung der rechtlichen Verantwortlichkeit bestehen soll. Des weiteren, ob und inwieweit dabei im gesamtgesellschaftlichen Interesse auch Interessen der Betroffenen aktiviert und für die Durchsetzung der rechtlichen Verantwortlichkeit stärker genutzt werden sollten.

Formen der rechtlichen Verantwortlichkeit von schuldhaft pflichtwidrig handelnden Bürgern (Individuen) finden wir vor allem (oder ausschließlich) dort, wo es um disziplinierend-erzieherische Einwirkung geht, außerhalb des Strafrechts, also besonders im Ordnungsstrafrecht und bei der verwaltungs-, arbeits- und LPG-rechtlich-disziplinarischen Verantwortlichkeit. Solch eine persönliche Verantwortlichkeit für Verschulden hat über die Bekräftigung der Unverbrüchlichkeit der sozialistischen Rechtsordnung hinaus folgende Funktionen zu erfüllen:

- rechtliche und teilweise zugleich auch moralische Verurteilung der Rechtsverletzung als Ausdruck einer kritischen Bewertung dieser bzw. des betreffenden Menschen;
- Ausgleich bzw. Wiedergutmachung der Rechtsverletzung in rechtlich-moralischer wie auch in materieller Hinsicht als bewußte Bewährung und Wiedergutmachung;
- vorbeugend-warnende und erzieherische Einwirkung auf den Rechtsverletzer und andere labile Personen, um sie zur künftigen Einhaltung ihrer Rechtspflichten anzuhalten;
- erzieherisch-mobilisierende-organisierende Aktivierung gesellschaftlicher Kräfte, insbesondere breiter Aktivitäten der Leiter bzw. Funktionäre sowie der Kollektive und anderer gesellschaftlicher Kräfte (z. B. Massenbewegung für Ordnung und Sicherheit) zur Beseitigung von Ursachen und Bedingungen von Rechtsverletzungen sowie zur erzieherischen Einwirkung auf disziplinlose Mitbürger und damit zur Vorbeugung vor künftigen Rechtsverletzungen.

Alles in allem dient die rechtliche Verantwortlichkeit dem Schutz und der Festigung der betreffenden primären rechtlich geregelten sozialen Grundverhältnisse.

Bei einer rechtlichen Verantwortlichkeit ohne Verschulden kann es keine rechtlich-moralische Verurteilung und schon kaum eine negative Bewertung geben; eine Ahndungsfunktion vermag sie ebensowenig zu erfüllen, wie eine erzieherische. Daher wird auch kaum eine gesellschaftlich-mobilisierende Wirkung von ihr ausgehen können.

Entsprechend der gesellschaftlichen Bedeutung der verletzten Rechtspflicht, dem Ausmaß der durch die Nichterfüllung der Rechtspflicht herbeigeführten gesellschaftsschädlichen Folgen und des Verschuldens hat die rechtliche Verantwortlichkeit ihre Grade. Sie ist unterschiedlich schwerwiegend und führt zu graduell abgestufter negativer Bewertung bzw. rechtlich-moralischer Verurteilung der Rechtsverletzung. Dies schlägt sich dann auch in unterschiedlich weitreichenden bzw. eingreifenden Rechtsfolgen, gegebenenfalls in differenziertem disziplinierenden staatlichen Zwang nieder.

Unabhängig davon, ob im einzelnen das Verschulden als Element und Voraussetzung rechtlicher Verantwortlichkeit anerkannt wird oder nicht, ist die komplexe Nutzung der Verantwortlichkeitsformen der verschiedenen Rechtszweige, ihre wechselseitige Ergänzung und Bestärkung von prinzipieller Bedeutung für die Gewährleistung der Einhaltung der sozialistischen Rechtsordnung, für eine hohe gesellschaftliche, insbesondere für eine erzieherisch-vorbeugende Wirksamkeit der rechtlichen Verantwortlichkeit. Das heißt vor allen Dingen: Die rechtliche Verantwortlichkeit von Institutionen (Betrieben usw.) muß ergänzt, konkretisiert und weiter geführt werden zur persönlichen Verantwortlichkeit der Individuen, die durch ihre persönliche Schuld dazu beigetragen haben, daß die von ihnen vertretene Institution, für die sie arbeiteten, rechtlich zur Verantwortung gezogen werden mußte. Erst dann kommen wir an die konkreten subjektiven Ursachen der Rechtsverletzungen heran und zur Mobilisierung der Menschen.

Die Feststellung bzw. der Nachweis solcher persönlichen Schuld mag oft schwierig sein, in einigen Fällen auch praktisch nicht gelingen. Aber ohne diese Sichtweise und Zielstellung besteht die Gefahr, die rechtsverletzenden Störungen im gesellschaftlichen Leben und ihre individuellen Urheber anonym und im Dunkeln zu lassen. Bei solcher Objektivierung würde der so entscheidende subjektive Faktor nicht erschlossen und nicht mobilisiert werden. Es würden auch gerade die spezifischen Möglichkeiten des Rechts zur Mobilisierung dieser gesellschaftlichen Potenz verschenkt werden.

Die angeschnittene Frage betrifft im übrigen einen weiteren prinzipiellen Unterschied von bürgerlichem und sozialistischem Recht. Das bürgerliche Recht, namentlich das sogenannte Privatrecht als sein Hauptstück, ist auf das privat-kapitalistische Eigentum fixiert, auf seine Sicherung und Mehrung, auf Profit. Menschen, und zwar sowohl die individuellen Privateigentümer wie die vom Privateigentum Ausgebeuteten, als auch das Eigentum verletzende Individuen sind Randfiguren. Der Kapitalismus versachlicht, d. h. entmenschlicht bekanntlich alle Beziehungen. Es geht dort um Erhaltung und Mehrung des namentlich auch wertmäßigen Bestandes des Privateigentums als realem oder möglichem Kapital. Daher interessiert im Schadensfall primär der wertmäßige Schadensausgleich. Dafür reichen die rechtlichen Formen objektiver Haftung, einschließlich versicherungsrechtlicher Schadensübernahme. Die Frage der Verantwortlichkeit als gesellschaftlicher Beziehung des Einstehens und Einstehenmüssens vor der Gesellschaft ist von der bürgerlichen Jurisprudenz deshalb auch gar nicht ernstlich untersucht worden. Selbst das Strafrecht wurde – wenn auch idealistisch mystifiziert – im Grunde auf das Modell des Äquivalentenaustauschs (vergeltende Gerechtigkeit) getrimmt.

Das sozialistische Recht dagegen wendet sich dem Menschen zu und ist auf seine Entwicklung als Persönlichkeit in der sich entwickelnden „freien Assoziation" orientiert. Dazu gehört vor allem auch die Herausbildung und Festigung von ideologisch-moralisch gestützten gesellschaftlichen Verantwortungsbeziehungen. Recht und Moral, rechtliche und andere gesellschaftliche Bewertungs- und Einwirkungsformen wirken arbeitsteilig und differenziert in der gleichen Grundrichtung. Sie ergänzen und bestärken einander, nämlich darin, Rechtlichkeit auch als Haltung und Überzeugung zu entwickeln, um dadurch eine Basis für künftig verantwortungsbewußtes (pfichtgemäßes und rechtmäßiges) Verhalten aller Gesellschaftsmitglieder und dadurch auch der gesellschaftlichen Institutionen zu erreichen.

Die vorgetragenen Überlegungen haben natürlich auch Konsequenzen für die Frage der Rechtsfolgen bzw. der Sanktionen. Es sind vor allem zu unterscheiden solche mit erzieherisch-orientierter Einwirkung auf das schuldhaft pflichtwidrig handelnde Individuum und solche, die auf ein objektiv pflichtwidriges Verhalten einer Institution oder in bestimmten Fällen auch eines Individuums reagieren. Bei erstgenannten, wo es ja auch stets um ein rechtlich-moralisches Verurteilen geht, muß die Sanktion – in welcher Form und über welche Vermittlung auch immer – das Bewußtsein des individuellen Pflichtverletzers erreichen und dazu in seine individuellen Rechte und Interessen eingreifen. Von besonderer Bedeutung sind hierbei solche, die zum Ausgleich der sozial-negativen Leistung (der Rechtsverletzung) eine eigene positive Leistung, also Wiedergutmachung und Bewährung, beinhalten.

Dabei kann in bestimmten Bereichen (z. B. im Straf-, Ordnungsstraf-, Arbeits- und Disziplinarrecht) des erzieherisch-disziplinierende moralisch-rechtlich verurteilende Moment überwiegen, weshalb dann hier die Angemessenheit der Sanktionen nach Art und Maß, nach der Schwere der Pflichtverletzung, in objektiver und subjektiver Hinsicht bestimmt wird. In anderen Bereichen, z. B. im Zivilrecht, kann das Element des Schadensausgleichs ein größeres Gewicht haben, weshalb dann dort der Umfang des zugefügten Schadens Ausgangspunkt für die Festlegung der Sanktion ist.[3]

Bei der zweiten Art von Verantwortlichkeit (ohne Verschulden) fehlt das erzieherisch-disziplinierende, moralisch-rechtlich verurteilende Element und es handelt sich nicht um Ahndung. Hier geht es vorrangig um Schadensausgleich, der aufgrund der bestehenden Ware-Geld-Beziehungen grundsätzlich in Geld zu leisten ist.

Schließlich genügt es nicht, eine rechtliche Verantwortlichkeit festzustellen und zu ihrer Geltendmachung dem Rechtspflichtverletzer bzw. Nichterfüller der Pflicht Sanktionen aufzuerlegen. Es muß die Verantwortlichkeit, ob mit oder ohne Verschulden, auch durchgesetzt und die auferlegten Sanktionen müssen verwirklicht, d. h. gegebenenfalls auch beigetrieben oder zwangsweise realisiert werden. Erst dann können diese rechtlichen Instrumentarien gesellschaftlich wirksam werden. Dieses Erfordernis zu betonen ist gerade deshalb aktuell, weil es in dieser Hinsicht nicht wenige Probleme gibt, diese Fragen vielleicht auch als Ausdruck des Nachwirkens traditionellen Rechtsdenkens von unserer Rechtswissenschaft sehr vernachlässigt wurden und schließlich auch praktisch-organisatorische Probleme existieren, die es erschweren, das gesellschaftlich gebotene Niveau der Durchsetzung rechtlicher Verantwortlichkeit zu erreichen.

Anmerkungen

1 T. Schönrath, Rechtliche Verantwortlichkeit für Rechtsverletzungen in der sozialistischen Gesellschaft, S. 13 ff. dieses Hefts.

2 Vgl. B. Graefrath, Die völkerrechtliche Verantwortlichkeit der Staaten – ein wichtiges Instrument zur Durchsetzung des Völkerrechts, in: Neue Justiz, 6/1980, S. 252 ff.

3 Nach § 337 Zivilgesetzbuch der DDR vom 19. Juni 1975, GBl. I, Nr. 27, S. 465, ist der Geschädigte materiell so zu stellen, als wäre das schädigende Ereignis nicht eingetreten.

Martin Posch

Zur Bestimmung rechtlicher Verantwortlichkeit

Theoretisch verallgemeinernde Aussagen über rechtliche Verantwortlichkeit im Sinne eines rechtlichen Einstehenmüssens müssen sich auf das beziehen, für dessen Verletzung einzustehen ist, also auf Verantwortung, auf Verantwortungsbereiche, auf Rechtspflichten. Nur wenn die Bestimmung der Verantwortung als gegeben vorausgesetzt werden kann, ist eine davon gesonderte Bestimmung der rechtlichen Verantwortlichkeit im allgemeinen als des Einstehenmüssens, ihrer Voraussetzungen, ihrer Erscheinungsformen, sowie ihrer Wirkungsweisen, Wirkungen und Wirkungsmöglichkeiten möglich. Eine verallgemeinernde theoretische Bestimmung der rechtlichen Verantwortlichkeit kann unterschiedliche Ziele verfolgen.

Als Ziele kommen vor allem in Betracht:

- Beantwortung von Fragen, die bei der Vorbereitung von Rechtsnormen auftreten: Unter welchen Voraussetzungen soll Verantwortlichkeit eintreten? Wie soll die Verantwortlichkeit geregelt werden? Was soll damit erreicht werden? Kann dieses Ziel wirksamer erreicht werden?
- Davon zu unterscheiden wäre eine Untersuchung mit dem Ziel, die geltenden Normen über die Verantwortlichkeit richtig anzuwenden.
- Darüber hinaus können allgemeinere theoretische Ziele verfolgt werden, insbesondere das Ziel, aufgrund auszuwertender vorhandener Erkenntnisse und Erfahrungen die Funktionen der rechtlichen Verantwortlichkeit zu ermitteln, um daraus neue Erkenntnisse zu gewinnen. Hierzu gehören z. B. solche Fragen wie: Was ist das Gemeinsame der verschiedenen Erscheinungsformen rechtlicher Verantwortlichkeit? Was ist ihre gemeinsame Funktion? Was sind die besonderen Funktionen der einzelnen Escheinungsformen? In welchem Verhältnis stehen sie zueinander? Sind sie besser zu koordinieren? Wie werden sie sich weiterentwickeln?

Der Meinungsstreit ist diesen allgemeinen theoretischen Zielen gewidmet. Die schwer überschaubare Fülle des in den sozialistischen Ländern erschienenen Schrifttums zur rechtlichen Verantwortlichkeit sollte uns nicht dazu verleiten, im wesentlichen nur bereits vorhandene Interpretationen nachzuvollziehen, zu vergleichen, gegenüberzustellen, zu variieren oder zu kombinieren. Wir würden uns sonst im Kreise um bekannte und immer wieder definierte Begriffe und um Begriffsableitungen bewegen, vielleicht Worte durch andere Worte ersetzen und dabei Gefahr laufen, alte Kontroversen zwischen unbewiesenen Behauptungen zu wiederholen.

Um neue Erkenntnisse über Funktionen und damit über das wirkliche Funktionieren der rechtlichen Verantwortlichkeit zu gewinnen, sollten wir von vornherein darum bemüht bleiben, daß unsere Aussagen möglichst mit Beweisen verbunden werden, zumindest jedoch mit der Frage ihrer Beweisbarkeit. Weiterhin ist zu beachten, daß bei der Darlegung der Auffassungen mit sehr verschieden weiten Begriffen der Verantwortlichkeit gearbeitet wird. Da ein weiter Verantwortlichkeitsbegriff mehr Funktionen umfaßt als ein engerer (z. B. sich auf das Verschuldensprinzip beschränkender), müssen von vornherein Begriffs- und Funktionsbestimmung Hand in Hand gehen. Daher ist es zunächst notwendig, eine erzielte Begriffsbestimmung mit den konkreten Erscheinungsformen der rechtlichen Verantwortlichkeit zu vergleichen, um sie zu überprüfen, sei es mit dem Ziel ihrer Bestätigung, Präzisierung, Korrektur oder der Auseinandersetzung.

Was kann von einer Begriffsbestimmung der rechtlichen Verantwortlichkeit erwartet werden, was nicht?

Fassen wir rechtliche Verantwortlichkeit zunächst ganz allgemein als Statuierung von Rechtsnachteilen wegen eines vom Gesetzgeber negativ bewerteten Geschehens auf, dann ordnet sich die Bestimmung der Verantwortlichkeit ein in die allgemeineren Fragen der Verantwortung für dieses Geschehen nach den Kriterien der Zuordnung der Verantwortung, der Wirkung dieser Zuordnung, und zwar differenziert nach der beabsichtigten Wirkung (Motive, Aufgaben), und der tatsächlich eintretenden Wirkung. Mit dieser Zuordnung der Verantwortung hängt offensichtlich die Zuordnung der Verantwortlichkeit unmittelbar zusammen. Diese allgemeinen Zusammenhänge bedürfen sicher der Untersuchung, und hierzu vermag die Bestimmung der Verantwortlichkeit Wesentliches zu leisten. Damit sind aber auch schon Grenzen gezeigt, vorausgesetzt, daß die verallgemeinernde Bestimmung des Begriffs der rechtlichen Verantwortlichkeit nicht die Voraussetzung des Verschuldens umfaßt und daß sie nicht voraussetzt, daß der Verantwortliche nur für sein eigenes Verhalten einstehen muß, sondern auch für bestimmtes sonstiges Geschehen (z. B. Handlungen durch Dritte, durch Betriebsgefahren verursachte Schadensereignisse usw.). Speziellere Aussagen ließen sich dann nur für bestimmte Erscheinungsformen rechtlicher Verantwortlichkeit treffen und müßten auch dort getroffen werden.

Während der Begriff der Verantwortung die Stellung des Subjekts in allen sozialen Bezügen betrifft und während rechtliche Verantwortung Zuordnung von Pflichten und Rechten ist, kommt der rechtlichen Verantwortlichkeit eine so weittragende Bestimmung nicht zu. Die meisten Verletzungen von Pflichten – auch von Rechtspflichten – haben rechtliche Verantwortlichkeit nicht im Gefolge. In den meisten Fällen müssen weitere normative Tatbestandsmerkmale neben der Pflichtverletzung erfüllt sein, um Verantwortlichkeit auszulösen. So z. B. bei der zivilrechtlichen außervertraglichen Verantwortlichkeit neben der Pflichtverletzung der Eintritt eines Schadens und Kausalzusammenhang zwischen der Pflichtverletzung und diesem Schaden. Daher lassen sich auch die Relationen zwischen Rechten und Pflichten nicht unter dem Aspekt der Verantwortlichkeit erfassen. Überdies werden Rechte in der Regel nicht gegen Widerstände durchgesetzt, und Pflichten werden in der Regel freiwillig erfüllt, und ihre Verletzung hat – wie gesagt – nicht notwendig Verantwortlichkeit im Gefolge. Selbst bei objektiven Pflichtverletzungen muß häufig noch die subjektive Seite der Pflichtverletzung hinzutreten, um Verantwortlichkeit zu begründen, wie z. B. stets im Strafrecht.

Da als Verantwortlichkeit sehr unterschiedliche Inhalte des Einstehenmüssens für Rechtsverletzungen bezeichnet werden, ist insofern die Theorie der rechtlichen Verantwortlichkeit (als allgemeine Verantwortlichkeitstheorie) die Lehre von den Rechtsfolgen der mit diesen Rechtsfolgen versehenen Rechtsverletzungen. Sie ist also enger als eine Lehre von Rechtsverletzungen. Die Bestimmung der Verantwortlichkeit kann daher keine Erkenntnis vermitteln, die wesentlich über das hinausgeht, was wir von den Funktionen der Rechtsordnung wissen. Sie kann erst recht nicht die Analyse der spezifischen Erscheinungsformen der Verantwortlichkeit ersetzen. Woran es offensichtlich bei der notwendigen Verallgemeinerung mangelt, ist die genügende Berücksichtigung der spezifischen Funktionen der Verantwortlichkeitsregelungen in den verschiedenen Rechtsmaterien, ihrer konkreten Wirkungsrichtungen, Wirkungsweisen und Wirkungsmöglichkeiten. Die Analyse dieser realen Zusammenhänge ist nicht durch eine verallgemeinernde Begriffsbildung ersetzbar und sie ist auch nicht ersetzbar durch deduktive Folgerungen aus einem allgemeinen Begriff der rechtlichen Verantwortlichkeit. Weiterhin würde ein Versuch, das Recht mit der Fülle seiner Erscheinungen, insbesondere die Gesamtheit der Rechtspflichten, in eine alles umfassende allgemeine Verantwortlichkeitslehre einzubauen, die Gefahr in sich bergen, daß ein möglicher Gewinn allgemeinerer theoretischer Erkenntnisse über die Verantwortlichkeit in einer bloßen Neubezeichnung und Umgruppierung vorhandenen Wissens unterginge.

Zu den Kriterien der Bestimmung von Rechtsbegriffen

Die Rechtswissenschaft ist im Unterschied zu vielen anderen Wissenschaften genötigt, auf die Pflege einer relativ autonomen Wissenschaftssprache zu verzichten. Sie hat von denselben Rechtsbegriffen auszugehen, die die Gesetzgebungspraxis verwendet und statuiert, und zwar aus mehreren Gründen: Der praktisch tätige Jurist, dem ja nicht zuletzt die wissenschaftlichen Aussagen zugängig zu machen sind, muß – anders als etwa der Mediziner und der Physiker, der Mathematiker, der Linguist – eine dem Bürger verständliche Sprache sprechen und sich dabei dennoch möglichst eindeutig ausdrücken. Er arbeitet bei der praktischen Rechtsanwendung mit Begriffen, die der sozialistische Gesetzgeber mit Rücksicht auf ihre Allgemeinverständlichkeit verwendet. Theoretische Erörterungen sollen darüber hinaus geeignet sein, auch Nichtjuristen zum Mitdenken und zu Schlußfolgerungen zu veranlassen, praktische Demokratie auch in der Fortentwicklung der Theorie wirksam werden zu lassen. Das schließt zwar die Verwendung weiterer spezieller Termini zur wissenschaftlichen Verständigung nicht aus, entbindet aber nicht von der allgemeinen Forderung, daß grundsätzlich die in der Theorie verwendeten Begriffe unserer Rechtssprache, d. h. der Sprache unseres Gesetzgebers, entsprechen müssen.

Der Begriff der rechtlichen Verantwortlichkeit sollte in unserer Diskussion daher nicht anders verstanden werden, als ihn unsere Gesetzgebung verwendet. Ist nach dem Tatbestand und der Ausdrucksweise einer anzuwendenden Rechtsnorm ein Bürger oder Betrieb für eine Rechtsverletzung verantwortlich, hat auch eine gerichtliche Entscheidung die Verantwortlichkeit festzustellen. Diese Feststellung aus der Warte eines etwaigen davon abweichenden Verantwortlichkeitsbegriffs in Zweifel zu ziehen hieße, sich von der Reaktion der Rechtsordnung auf die Rechtsverletzung zu distanzieren, auch wenn dies nicht beabsichtigt wird.

Soll für eine Aussage der vom Gesetz verwendete Begriff der Verantwortlichkeit nicht gelten, müßte dies daher ausdrücklich gesagt und auch begründet werden. Eine solche Aussage wäre wohl nur sinnvoll, wenn sie eine Normenkritik enthält oder aus ihr eine Kritik an den Normen abgeleitet werden soll. Inwieweit dies auch bei einer über die rechtliche Verantwortlichkeit hinausgehenden Begriffsbestimmung der Verantwortlichkeit als moralischer Kategorie zu beachten ist, kann hier nicht untersucht werden.

In diesem Zusammenhang sei zugleich auf einige Schwierigkeiten der Verständigung in der internationalen Diskussion um den Begriff der Verantwortlichkeit hingewiesen. So nahe es liegt, sowohl theoretische Erkenntnisse wie praktische Erfahrungen zwischen den sozialistischen Staaten zu sammeln und auszuwerten, zeigt sich gerade bei der verallgemeinernden Diskussion, daß der Begriff der Verantwortlichkeit bisher keine in den sozialistischen Rechtsordnungen international einheitlich verwendete Kategorie ist. Dies gilt jedenfalls für die Verwendung dieses Begriffs in der Rechtssprache. Hinzu kommt, daß die Begriffe Verantwortung und Verantwortlichkeit weithin in ihrer Differenziertheit als nicht übersetzbar gelten, ähnliche Probleme gibt es bei der Verständigung über die Begriffsunterschiede zwischen Verantwortlichkeit und Haftung. Überdies gebrauchen die nationalen Gesetzgeber die jeweiligen Begriffe widerum unterschiedlich, teils Verschulden implizierend, teils nicht. Erfahrungsgemäß treten jedoch Verständigungsschwierigkeiten sofort in den Hintergrund, sobald von konkreten Rechtsfolgen auf konkrete Rechtsverletzungen die Rede ist. Die durch die Unterschiede sich ergebenden Probleme sind zunächst in der normativen, vor allem jedoch in der theoretischen Verallgemeinerung angesiedelt. Sie führen zwangsläufig zu verschiedenen Aussagen über verschiedene Begriffe, obwohl letztlich über das Wesen der Erscheinungen – abgesehen von einigen theoretischen Meinungsverschiedenheiten, die überall mit Begründung vorgetragen werden – Übereinstimmung zu bestehen scheint.

Es sollte daher so vorgegangen werden, daß die Begriffsbestimmung zunächst nach der Sprache der nationalen Gesetzgebung vorgenommen wird und bei internationalen Vergleichen die bezeichneten sprachlichen und normativen Unterschiede bewußt berücksichtigt werden.

Zur allgemeinen Funktionsbestimmung der rechtlichen Verantwortlichkeit

Die Ziele der Zuordnung der Verantwortung mit den von ihr umfaßten Einzelpflichten und subjektiven Rechten sind zugleich Ziele der Rechtsordnung selbst. Hierbei gibt es bekanntlich elementare allgemeine Verhaltenspflichten, die jeden Bürger und Betrieb treffen, andererseits gibt es besondere Verantwortungsbereiche, höhere Verantwortung, sei es für Leben und Gesundheit der Mitbürger, sei es für gesellschaftliche Werte. Verantwortlichkeit für Rechtsverletzungen oder für sonstige Schadensereignisse ist rechtliche Konsequenz der rechtlichen Zuordnung von Pflichten. Die Verantwortlichkeit hat keine eigene, von den Funktionen der Verantwortung und Pflichtenbestimmung zu unterscheidende Zielfunktion, sie ist nur deren Ergänzung, nur wesentliche Seite ihrer Verbindlichkeit und ihrer rechtlichen Durchsetzbarkeit. Allgemein ist rechtliche Verantwortlichkeit wesentlich Durchsetzbarkeit, Einstehenmüssen. Weitergehende Aussagen lassen sich erst für die sehr verschiedenartigen Erscheinungsformen rechtlicher Verantwortlichkeit treffen, so z. B. für die strafrechtliche Verantwortlichkeit einerseits, so für Garantieansprüche andererseits. Auch deren spezifische Funktionen, sei es des gesellschaftlichen Vorwurfs, sei es der Verteilung von Schadensfolgen zwischen Verantwortlichen und Betroffenen, sind der Zielfunktion der jeweiligen Verantwortungsbereiche mit ihren Pflichten unter- und eingeordnet, ergänzen sie und dienen ihrer Durchsetzung. Ihre konkrete Ausgestaltung ist aber bestimmt durch ihre spezifische Aufgabe (z. B. Reparation). Die erzieherische (motivierende, verhaltensorientierende, verhaltensbestimmende) Funktion ist somit nicht erst dem Einstehenmüssen vorbehalten, sondern vor allem und in der praktischen Wirkung weit mehr mit der Zuordnung, Bestimmung und Bewußtmachung der Pflichten verbunden.

Folgerichtig ordnet § 323 ZGB in seinem letzten Satz die Erziehungsfunktion der Bestimmung der Rechtspflichten und den Normen über die Folgen von Pflichtverletzungen gemeinsam zu, während die Verantwortlichkeitsregelung der §§ 330 ff. ZGB der spezielleren Wiedergutmachungsfunktion zugeordnet wird.

Bei allen verallgemeinernden Funktionsbestimmungen, die – wie erwähnt – bereits bei der Zuordnung der rechtlichen Verantwortungsbereiche zu treffen sind, muß berücksichtigt werden, daß sowohl Pflichten wie Verantwortlichkeitszuordnung quantitativ und qualitativ sehr unterschiedliche Sachverhalte betreffen, die teils von gravierender, teils aber auch von nur nebensächlicher gesellschaftlicher Relevanz sind.

Spezifische Funktionen zivilrechtlicher Verantwortlichkeit

Zunächst gilt auch für das Zivilrecht, daß nicht jede Pflichtverletzung rechtliche Verantwortlichkeit nach sich zieht. So begründet z. B. die Verletzung von Erziehungs- oder Aufsichtspflichten der Eltern nicht ohne weiteres Verantwortlichkeit, vielmehr kann Verantwortlichkeit erst eintreten, wenn diese Pflichtverletzung zu bestimmten Schadensfolgen führt. Der sorglose Umgang mit Kundenmaterial ist Pflichtverletzung, begründet aber nur rechtliche Verantwortlichkeit, wenn der Kunde dadurch Schaden erleidet. Weiterhin kennt das Zivilrecht auch Reaktionen auf Pflichtverletzungen außerhalb der Rechtsfolgen der rechtlichen Verantwortlichkeit. So wird z. B. bestimmten Rechtsgeschäften u. U. wegen Verletzung bestimmter Pflichten die Wirksamkeit versagt, oder aus der Verletzung bestimmter Pflichten ergibt sich ein Anspruchsverlust. Es wäre denkbar, auch diese Rechtsfolgen von Pflichtverletzungen als rechtliche Verantwortlichkeit zu bezeichnen; dann wäre dies aber ein anderer, noch weiterer Begriff der Verantwortlichkeit, als ihn das Gesetz verwendet und als wir ihn allgemein auch in der Theorie verwenden. Daraus folgt die allgemeine Feststellung, daß nicht jede Pflichtverletzung Verantwortlichkeit im Gefolge hat; vielmehr muß der jeweilige Tatbestand erfüllt sein, an den das Recht Verantwortlichkeit knüpft.

Es wird mit Recht darauf hingewiesen, daß das Zivilrecht weitgehend Verantwortlichkeit nicht an die Voraussetzung eines Verschuldens knüpft, ja daß nicht einmal in allen Fällen eine Pflichtverletzung vorliegen muß. Darüber hinaus kennt das Zivilrecht auch eine vertragliche Verantwortlichkeit für Dritte, also für Pflichtverletzungen anderer. Das diesen Regelungen zugrundeliegende besondere Prinzip der Verantwortlichkeit und die damit verbundenen besonderen Funktionen sind dem Strafrecht ebenso wie der arbeitsrechtlichen Verantwortlichkeit der Werktätigen völlig fremd. Ebenso fremd sind der strafrechtlichen und der arbeitsrechtlichen Regelung die Normierung einer Verschuldensvermutung, mit der das Zivilrecht selbst dort arbeitet, wo es Verschulden als Voraussetzung der Verantwortlichkeit fordert.

Beim Versuch einer verallgemeinernden Verantwortlichkeitsbestimmung wurde dargelegt, daß die Unterscheidung zwischen Verschuldensprinzip als Verantwortlichkeitsprinzip und der davon zu unterscheidenden Auffassung – nennen wir sie einmal (ungenau) Verursachungsprinzip – sich sachlich nicht wesentlich unterscheiden und es sich im wesentlichen nur um verschiedenen Interpretationen der rechtlichen Reaktion auf Pflichtverletzungen handelt. Hierzu muß zunächst betont werden, daß es sich keineswegs um unterschiedliche theoretische Interpretationen einer gegebenen gesetzlichen Regelung handelt, sondern daß die Frage, inwieweit Verantwortlichkeit nur bei Verschulden und wie weit sie auch ohne Verschulden, ja ohne Vorwerfbarkeit eintritt, durch die konkreten gesetzlichen Regelungen entschieden ist. Sobald der Gesetzgeber eine Verantwortlichkeit ohne Rücksicht auf Vorliegen oder Nichtvorliegen von Verschulden statuiert, ist es unzulässig, daraus theoretisch eine nichtwiderlegbare Verschuldensvermutung, einen fiktiven Schuldvorwurf abzuleiten. Eine solche Unterstellung bedeutet, das Recht erhebt auch in Fällen einen Schuldvorwurf, in denen ein Vorwurf nicht gerechtfertigt, nicht begründet ist. Eine solche Verschuldensfiktion, die rechtliche und moralische Geltung beanspruchen würde, wo Verschulden in Wahrheit nicht vorliegt, würde dem Recht Überzeugungskraft nehmen. Der von diesem Vorwurf Betroffene wird sich mit einer solchen Verschuldensfiktion und damit mit einer solchen Regelung nicht identifizieren können. Welche Gründe sprechen für eine solche Fiktion? So weit ich sehen kann, spricht dafür nur ein vermeintliches theoretisches Interesse an der Aufstellung einer einheitlichen Formel für rechtliche Verantwortlichkeit, die das Verschuldensprinzip impliziert und zu diesem Zweck mit Fiktionen arbeitet. Eine solche Formel würde zu weiteren nicht zu akzeptierenden Folgerungen führen, insbesondere zur Statuierung fiktiver Pflichten. So z. B.: Jeder Halter eines Kraftfahrzeugs ist verpflichtet zu gewährleisten, daß durch sein Fahrzeug niemand geschädigt wird. Oder: Der Straßenwinterdienst ist verpflichtet zu gewährleisten, daß bei irgendwo eintretender Glätte dort sofort gestreut wird. Gegen solche fiktiven Pflichtenbestimmungen richtet sich mit Recht unsere Rechtspraxis wohl nicht zuletzt in dem Wissen, daß das sozialistische Recht nur das fordern darf, was getan werden kann, und daß das Recht nur vorwerfen darf, was wirklich vorwerfbar ist. Es ist dies ein ethisches Prinzip der Rechtsordnung.

Reicht die rechtliche Verantwortlichkeit weiter, d. h. läßt das Recht jemanden, der keinen Vorwurf verdient, einstehen – und das Gesetz tut es und muß es offenbar in bestimmten Fällen tun – dann darf es dieses Einstehenmüssen nicht mit einem fiktiven Vorwurf legitimieren. Oder man faßt den Begriff der Verantwortlichkeit enger als der Gesetzgeber und spricht statt dessen in diesen Fällen von Haftung.

Folglich kann eine verallgemeinernde Bestimmung der Verantwortlichkeit nicht an einem Schuldvorwurf geknüpft werden. Der Vorwurf darf und soll auch nur dort erhoben werden, wo er konkret begründet ist. Rechtliche Verantwortlichkeit kann also einen Schuldvorwurf beinhalten, sie muß dies aber nicht. Demzufolge darf ein verallgemeinernder Begriff der rechtlichen Verantwortlichkeit keinen Schuldvorwurf implizieren. Das wird nicht dadurch entkräftet, daß in den meisten Fällen – auch der zivilrechtlichen Verantwortlichkeit – Verschulden vorliegt. Vom Verschulden, von einer Vorwerfbarkeit hängt zivilrechtliche Verantwortlichkeit ab, wo es das Gesetz ausdrücklich bestimmt.

Dieser Besonderheit der rechtlichen Verantwortlichkeit im Zivilrecht und der ihr zugrundeliegenden spezifischen Funktion entspricht auch die Möglichkeit, sich gegen bestimmte Rechtsfolgen der Verantwortlichkeit zu versichern.

Wenn nach dem geltenden Zivilrecht das Verschulden keine allgemeine Verantwortlichkeitsvoraussetzung ist, ja wenn nicht einmal notwendig eine Pflichtverletzung vorliegen muß (Betriebsgefahren als Schadensursache bei erweiterter Verantwortlichkeit, Garantieansprüche wegen zufällig während der Garantiezeit aufgetretener Mängel), entsteht die Frage, was hier Verantwortlichkeit von bloßer Haftung unterscheidet, und wenn es einen Unterschied gibt, worin das Wesen dieser Verantwortlichkeit besteht, was ihr Grund und ihre Voraussetzungen sind.

Die verschiedenen Erscheinungen zivilrechtlicher Verantwortlichkeit – die man nur mit Schwierigkeit als einheitliches zivilrechtliches Verantwortlichkeitsprinzip bezeichnen kann – beziehen sich auf eine Skala unterschiedlicher Zuordnungen rechtlicher Verantwortung. Sie knüpfen an die Verletzung von bestimmten rechtlichen Pflichten des Verantwortlichen an und reichen bis zur objektiven Nichtbeherrschung eines rechtlich zugeordneten Verantwortungsbereichs, eines zu verantwortenden Geschehens. In allen diesen Fällen ist Verantwortlichkeit die Konsequenz der Zuordnung einer Verantwortung mit ihrer verhaltensbestimmenden (erzieherischen, motivierenden), sichernden und ordnenden Funktion. Was die zivilrechtliche Regelung insbesondere auszeichnet, liegt in der Zuordnung der durch die Pflichtverletzung oder Nichtbeherrschung verursachten Nachteile an einen der Beteiligten, den Verantwortlichen, sei er nun Rechtsverletzer oder Vorsorgepflichtiger, jedenfalls Träger der Verantwortung. Diese für die zivilrechtliche Regelung charakteristische und die konkrete Normierung beherrschende Frage der Zuordnung der Nachteile entsteht, auch wenn keinen der Beteiligten ein Vorwurf trifft, denn es geht hier weniger um die Verhängung einer Sanktion als Reaktion auf eine Pflichtverletzung, sondern vielmehr um die gerechte Zuordnung eingetretener oder eintretender Nachteile. Diese Notwendigkeit entsteht selbst in Fällen, in denen Pflichten nicht verletzt wurden. Und es geht hierbei nicht zuletzt – und auch das ist spezifisch für die zivilrechtliche Regelung – um den Schutz des nichtverantwortlichen Betroffenen und um die Grenzen dieses Schutzes. Für die Funktionsbestimmung zivilrechtlicher, insbesonders außervertraglicher Verantwortlichkeit ist dabei wesentlich, wenn nicht ausschlaggebend, daß die Wiedergutmachung in den meisten Fällen durch die Versicherung übernommen wird, daß also die Folgen rechtlicher Verantwortlichkeit nicht den Verantwortlichen treffen, sondern verlagert werden. Hierbei ist stets zu beachten, daß jede Ausdehnung des Verschuldensprinzips und jede Einengung der Voraussetzung der Verantwortlichkeit auf Vorwerfbarkeit und tatsächlich vorliegendes Verschulden zugleich das Einstehenmüssen des Trägers des Verantwortungsbereichs einengt. Das engt aber zugleich auch den Versicherungsschutz (Haftpflichtversicherung) und folglich in beiden Fällen den Schutz des Betroffenen ein.

Funktionelle Unterschiede zwischen vertraglicher und außervertraglicher Verantwortlichkeit

Die rechtliche Verantwortlichkeit tritt im Zivilrecht in verschiedenen Erscheinungsformen auf. Als wichtigste Unterscheidung gilt die zwischen vertraglicher und außervertraglicher Verantwortlichkeit. Die vertragliche Verantwortlichkeit ist grundsätzlich die Folge objektiver Verletzung von Vertragspflichten. Sie ist damit grundsätzlich vom Verschulden unabhängig, mit Ausnahme von Schadenersatzpflichten wegen Vertragsverletzung. Die Schadenersatzpflicht ist aber nur eine der zahlreichen, von der vertraglichen Verantwortlichkeit umfaßten und zum größten Teil in § 82 Abs. 1 ZGB aufgezählten Rechtsfolgen. Im übrigen gibt es weder Verschuldensvoraussetzung noch Verschuldensvermutung und folglich auch keine Entlastung wegen mangelnden Verschuldens. Für die vertragliche Verantwortlichkeit gilt generell, daß sie nicht nur als Folge eigener Pflichtverletzungen, sondern auch von Pflichtverletzungen mitwirkender Dritter eintritt.

Die Funktion der vertraglichen Verantwortlichkeit ist wesentlich dadurch geprägt, daß die Pflichten, deren Verletzung sie auslöst, sich nicht nach den individuellen Fähigkeiten des verantwortlichen Vertragspartners (Schuldners) richten, sondern danach, wozu er sich mit dem Vertrag verpflichtet hat und worauf sich folglich der andere verlassen darf und kann. Eine spezifische Funktion der vertraglichen Verantwortlichkeit ist somit der Schutz der Belange des Vertragspartners, weitergehend der Schutz der ordnungsgemäßen Abwicklung der Vertragsbeziehungen und damit vor allem – dies folgt aus der Funktion der zivilrechtlichen Vertragsregelung – der Schutz der Versorgungsbeziehungen, also derjenigen Beziehungen, die der planmäßigen Befriedigung der materiellen und kulturellen Bedürfnisse der Bürger dienen.

Die Unabhängigkeit der vertraglichen Verantwortlichkeit vom Verschulden, also von der subjektiven Seite der Pflichtverletzung, beruht hier auf dem diese – im Normalfall entgeltlichen – Vertragsbeziehungen beherrschenden Grundsatz der Äquivalenz von Leistung und Gegenleistung. Dieses Äquivalenzprinzip ist bekanntlich die Konsequenz der Realisierung des Leistungsprinzips. Der Bürger kann für die Zahlung des vollen planmäßig festgelegten Preises eine vollwertige Gegenleistung erwarten und verlangen. Jede Minderleistung berechtigt ihn, die Korrektur der Verletzung des Äquivalenzprinzips zu fordern. Zwar ist die Verletzung regelmäßig bereits Pflichtverletzung, muß dies aber nicht sein. Sonach ist die Verantwortlichkeit hier nicht nur vom Verschulden unabhängig, sondern setzt nicht einmal notwendig Pflichtverletzung voraus. So z. B. bei Garantieansprüchen, die durch einen während der Garantiezeit zufällig auftretenden Mangel ausgelöst werden. Für Schadenersatzpflichten gilt dagegen das gleiche Prinzip wie bei der außervertraglichen Verantwortlichkeit.

Die außervertragliche Verantwortlichkeit beschränkt sich im wesentlichen auf Schadenersatzpflichten. Hier setzt die Verantwortlichkeit des Bürgers Verschulden, die des Betriebes Abwendbarkeit des Schadens voraus (§§ 333, 334 ZGB). Bei der erweiterten Verantwortlichkeit hingegen sind weder Pflichtverletzung noch Verschulden Voraussetzung der Ersatzpflicht. Die Gründe sind jedoch hier andere als bei der vertraglichen Verantwortlichkeit. Es ist deshalb verfehlt, vertragliche Verantwortlichkeit und außervertragliche erweiterte Verantwortlichkeit nur deshalb auf einen Nenner zu bringen, weil beide vom Verschulden unabhängig sind. Ihre spezifischen Funktionen unterscheiden sich. Die erweiterte Verantwortlichkeit ist Verantwortlichkeit für die objektive Nichtbeherrschung besonderer Gefahrenquellen. Sie ist nicht Verantwortlichkeit für nicht ordnungsgemäße Erfüllung bestimmter, einem bestimmten Partner gegenüber bestehender Leistungspflichten. Generell gilt für die außervertragliche Verantwortlichkeit, daß sie nur im Regelfall vom Verschulden abhängig ist (bzw. bei Betrieben von der Abwendbarkeit). Das Verschulden bzw. die Abwendbarkeit werden bei Vorliegen einer objektiven Pflichtverletzung vermutet. Bei der erweiterten Verantwortlichkeit muß weder Pflichtverletzung noch Verschulden vorliegen (obwohl beides regelmäßig gegeben ist). So besteht z. B. Haftung des Kraftfahrzeughalters selbst für unabwendbare Gewalt, wenn der Schadenseintritt auf verborgene Materialmängel des Fahrzeugs zurückzuführen ist. Gleiches gilt z. B. für die Haftung des Tierhalters für Schäden durch Tiere, auf deren Verhalten er im konkreten Fall keinen Einfluß hatte.

Anders als die vertragliche Verantwortlichkeit enthält also die außervertragliche Verantwortlichkeit in der Regel einen Schuldvorwurf. Es gibt aber auch sehr bedeutsame Fälle der Verantwortlichkeit ohne Verschulden, ja ohne notwendige Pflichtverletzung. Deshalb muß bei einer Begriffsbestimmung der außervertraglichen Verantwortlichkeit auf Pflichtverletzung und Verschulden als Verantwortlichkeitsvoraussetzungen verzichtet werden. Damit reduziert sich eine verallgemeinernde Bestimmung der Verantwortlichkeit auf die objektive Nichtbeherrschung eines rechtlich zugeordneten Verantwortungsbereiches, auf ein Einstehenmüssen für aus diesem Bereich erwachsende Schäden.

Der Einwand, dies sei dann bloße Haftung, ist verfehlt. In den meisten Fällen haftet für außervertragliche Schadenszufügung die Versicherung, sie trägt das Schadensrisiko, aber sie ist nicht verantwortlich. Das Schadensgeschehen liegt nicht in ihrem Verantwortungsbereich. Ihr ist der Verantwortungsbereich nicht zugeordnet. Auch hier korrespondiert der Begriff der Verantwortlichkeit mit dem der Verantwortung. Die Verantwortung für den jeweiligen Gefahrenbereich wird in der Regel demjenigen zugeordnet, der die Gefahren zu überwachen und auf das unvermeidbare Maß zu reduzieren hat, der zugleich besonders daran interessiert ist oder daran interessiert werden soll.

Es ist dann eben ehrlicher zu sagen: Für den aus dem von dir zu beherrschenden Gefahrenbereich entstehenden Schaden mußt du einstehen, auch wenn dein Verhalten keinen Vorwurf verdient, weil ein anderer sonst den Schaden zu tragen hätte, der den Gefahrenbereich nicht beeinflussen kann. Dies ist jedenfalls überzeugender als zu sagen: Wir unterstellen, daß du den Schaden verschuldet hast; diesen Vorwurf kannst du auch dann nicht widerlegen, wenn dein Verhalten pflichtgemäß war. Aus diesem Grunde darf diese Verantwortlichkeitsregelung einen Vorwurf nicht als begriffsnotwendig implizieren.

Da die zivilrechtliche Verantwortlichkeit sich bis zu den Grenzen erstreckt, wo ein rechtlich zugeordneter Verantwortungsbereich objektiv nicht beherrscht wird, muß dies folglich auch bei einer verallgemeinernden Bestimmung rechtlicher Verantwortlichkeit berücksichtigt werden.

Die zivilrechtliche Verantwortlichkeit ist mit ihren spezifischen Teilfunktionen in die allgemeinen Funktionen rechtlicher Verantwortlichkeit eingeordnet. Die Spezifik besteht vor allem darin, daß über die zivilrechtliche Verantwortlichkeit bestimmt wird, wer Schäden und andere Nachteile zu tragen hat, die durch Störungen im gesellschaftlichen Leben eintreten. Die Regelung ist als Konsequenz der Bestimmung der Verantwortung und mit ihr besonders auf den Schutz des Gefährdeten und Geschädigten gerichtet. Danach bestimmt sich auch das Maß der zivilrechtlichen Verantwortlichkeit. Sie macht bewußt und gewährleistet, daß die Gesellschaft für die Wiedergutmachung zugefügter Nachteile Sorge trägt.

Pflichtenbestimmung und Verantwortlichkeit

Die Bejahung oder Verneinung der Verantwortlichkeit im konkreten Fall gehören zu den häufigsten und wichtigsten Aufgaben, die uns in Theorie und Praxis beschäftigen. Nicht zuletzt bedingt durch die Neuregelung des Schadensrechts im Zivilgesetzbuch ist auch hier die Pflichtverletzung als Tatbestandsvoraussetzung der zivilrechtlichen Verantwortlichkeit getreten. Diese Konzeption deckt sich mit der anderer Bereiche der Rechtsordnung. Damit wird die die Verantwortlichkeit begründende Kausalbeziehung klarer bestimmt. Zugleich wird aber nun die normativ eindeutige Pflichtenbestimmung zum Erfordernis der Rechtsanwendung und zwar nachdrücklicher als nach der früheren Rechtspraxis. Wir haben damit einen wesentlichen Vorteil gewonnen, daß wir uns nämlich auf die Erfordernisse der rechtlichen Regelung stärker konzentrieren und auf die klare Bestimmung und Zuordnung von Rechtspflichten. Dies erlegt uns in der Gesetzgebung wie in der Rechtsanwendung schwere, notwendige und auch lohnende Arbeit auf, nämlich die Klärung der rechtlichen Verhaltensanforderungen. Hierbei zeigt sich bereits eine zu erwartende und zu begrüßende Tendenz der Rechtssprechung, nämlich die Pflichtenbestimmung eher zu begrenzen als in unbestimmter Weise auszuweiten und zu anonymisieren. Die rechtliche Verantwortung darf nicht durch Unbestimmtheit verwaschen und paralysiert werden. Das bedeutet für die Gesetzgebung:

Wenn lediglich wünschenswerte soziale Prozesse beschrieben werden und allen Beteiligten die Verantwortung für ihr Gelingen zugewiesen wird, bleiben Pflichten und Rechte unbestimmt, von eindeutig zugeordneter rechtlicher Verantwortung kann nicht die Rede sein, und die Bestimmung rechtlicher Verantwortlichkeit kann nicht funktionieren. Rechtsnormen bewirken ihre spezifische Zielstellung vor allem durch die richtige und klare Zuordnung von Pflichten und Rechten, und jede Unklarheit hierbei erschwert die Erreichung des Ziels. Dabei ist wesentlich die Einheit von Rechten und Pflichten, d. h. auch eine koordinierte Zuordnung der Verantwortung und Verantwortlichkeit von der Entscheidungsbefugnis bis zum Einstehenmüssen für die Folgen ihrer Verletzung. Dem entspricht die Bestimmung über die Festlegung der Verantwortung in Rechtsvorschriften (in § 12 der Ordnung über die Vorbereitung und Gestaltung von Rechtsvorschriften vom 25. 7. 1980, GBl. Sonderdruck 1056).

Autorenverzeichnis

Prof. Dr. sc. Traute Schönrath
Sektion Rechtswissenschaft der Karl-Marx-Universität Leipzig

Prof. Dr. Elfriede Leymann
Sektion Rechtswissenschaft der Humboldt-Universität Berlin

Prof. Dr. Dr. Gerhard Pflicke
Institut für Wirtschaftsrecht der Hochschule für Ökonomie „Bruno Leuschner" Berlin

Prof. Dr. habil. Frithjof Kunz
Akademie für Staats- und Rechtswissenschaft der DDR Potsdam-Babelsberg

Dr. Eva Hein
Akademie für Staats- und Rechtswissenschaft der DDR Potsdam-Babelsberg

Prof. Dr. sc. Erich Buchholz
Sektion Rechtswissenschaft der Humboldt-Universität Berlin

Prof. Dr. habil. Martin Posch
Sektion Rechtswissenschaft der Friedrich-Schiller-Universität Jena

Bei Fragen zur Produktsicherheit wenden Sie sich bitte an:
If you have any questions regarding product safety,
please contact:

Walter de Gruyter GmbH
Genthiner Straße 13
10785 Berlin
productsafety@degruyterbrill.com